Odilo Wolff

Der Tempel von Jerusalem und seine Maße

Odilo Wolff

Der Tempel von Jerusalem und seine Maße

ISBN/EAN: 9783743354791

Hergestellt in Europa, USA, Kanada, Australien, Japan

Cover: Foto ©ninafisch / pixelio.de

Manufactured and distributed by brebook publishing software (www.brebook.com)

Odilo Wolff

Der Tempel von Jerusalem und seine Maße

DER

TEMPEL von JERUSALEM

UND SEINE MAASSE.

„METIRE TEMPLUM ET ALTARE."
APOC. XI, 1.

VON

P. ODILO WOLFF O. S. B.,
MITGLIED DER BEURONER BENEDICTINER-CONGREGATION.

GRAZ.
VERLAGS-BUCHHANDLUNG STYRIA.
1887.

SEINER GNADEN

DEM HOCHWÜRDIGSTEN HERRN HERRN

Dr. MAURUS WOLTER O. S. B.

ABT VON BEURON
UND ERZABT DER BEURONER CONGREGATION,

MEINEM IN CHRISTO THEUERSTEN VATER,

IN EHRFURCHT

ABTEI EMAUS, IM MAI 1887.

GEWIDMET

INHALT.

	Seite
Einleitung	1
I. Die Stiftshütte	5
II. Der Salomonische Tempel	15
Vorbereitung zum Bau	16
Topographische Lage des Tempels	17
Das Tempelhaus	22
Das Heilige und Allerheiligste	23
Die Vorhalle	26
Die Säulen	28
Zusammenfassung der Maße	30
Die Vorhöfe des innern Heiligthums	31
Zusammenfassung aller Maße	37
Von den Maßverhältnissen des Salomonischen Tempels	38
Der äußere große Vorhof und seine Lage auf der heutigen Haram-Area	50
Geschichte des Tempels	55
III. Der Serubabelische Tempel und seine Geschichte	60
IV. Der Herodianische Tempel	66
A. Der äußere Vorhof	68
1. Größe	68
2. Umfassungsmauern	69
3. Die dreifache oder königliche Halle	70
4. Die Maße dieser Halle	72
5. Die Thore des äußern Heiligthums	73
6. Die Tempelburg Antonia	75
B. Das innere oder zweite Heiligthum, das Tempelhaus mit den Vorhöfen	76

	Seite
1. Das Tempelhaus	77
a) Größe	77
b) Innere Einrichtung	82
2. Die beiden innern Vorhöfe	83
a) Größe	83
b) Einrichtung	85
Der Brandopfer-Altar	85
Die Thore	87
Die Kammern	90
C. Von den Maßverhältnissen des Herodianischen Tempels	94
D. Die Geschichte des Herodianischen Tempels. Seine Zerstörung	96
Literatur-Verzeichnis	99
Alphabetisches Sachregister	103

Abkürzungen.

W. u. W.   Kirchen-Lexikon von Wetzer und Welte.
Z. D. P. V.   Zeitschrift des deutschen Palästina-Vereins.
Antt.   Flavius Josephus, Antiquitates Judaeorum.
Bell. j.   Flavius Josephus, Bellum judaicum.

EINLEITUNG.

Zwei Städte sind es, die vor allen andern einen unvergleichlichen Zauber auf das christliche Herz ausüben, die zwei Augen im Antlitz der Erde, die den Himmel abspiegeln. — Jerusalem und Rom, die erkornen Sanctuarien der Menschheit, die Pole der Weltgeschichte, die geheimnisvollen Punkte, wo die göttliche Huld ihre Hebel angesetzt hat, um den Erdball aus seinen Angeln und in eine neue geistige Himmelsbahn zu heben. Sie sind die Städte des Bundes, die Schauplätze der Großthaten Gottes. Die Geschichte der Erlösung verkündet die eine, die Geschichte der Erlöseten die andere. Die eine, die Gnadenstätte des alten Bundes, steht und fällt mit diesem. Die andere trägt die ewig frische Krone der Unvergänglichkeit, wie die Kirche, deren Mittelpunkt sie bildet.[1]

Was den ganzen Ruhmesglanz der ersten dieser beiden Städte ausmachte, was sie zur „Wonne des ganzen Erdkreises"[2] erhob, fassen wir zusammen, wenn wir die heilige Cultstätte Jehovas, den Centralpunkt des Volkes der Offenbarung, die „Stätte des Thrones Gottes, den Ort der Fußspuren des Herrn"[3] und seiner wunderbaren Huld- und Machterweise — den Tempel von Jerusalem nennen.

Seine Herrlichkeit, welche einst die Bewunderung der gesammten Welt wachrief, deren Andenken dem frommen Israeliten Thränen entlockte, ist schon

---

[1] Dr. Maurus Wolter, Die römischen Katakomben und ihre Bedeutung für die katholische Lehre von der Kirche. Frankfurt a. M. 1866.
[2] Thren. 2, 15. — [3] Ezech. 43, 7.

seit achtzehnhundert Jahren in den Staub gesunken. Kein Stein ist auf dem andern geblieben.[1] Über der Stätte, an der einst Gott das heilige Opfer annahm, thront auf glanzvoller Kuppel der Halbmond des Islam, während das Volk Gottes selbst verwiesen ist von den „Vorhöfen des Herrn" und an den alten Mauern der heutigen türkischen Moschee Haram esch-Scherif seine Thränen und Klagen um die vergangene Größe mit Tribut bezahlen muss. Im Anblicke der „Verwüstung an heiliger Stätte"[2] steht der zum glorreichen Grabe des Erlösers wallende Pilger mit Staunen still und fragt sich: „Warum hat der Herr also gehandelt an diesem Hause?" Und er erhält zur Antwort: „Weil das Volk verlassen hat seinen Herrn. Der Tempel, den ich erbaut habe meinem Namen, spricht der Herr, wird zur Spottrede werden für Israel bei allen Völkern. Ein jeder, der vorübergeht, wird staunen und mit den Lippen höhnend zischen."[3] Ein Bild ist der Tempel geworden des gottverlassenen Judenvolkes selbst. Die Bauleute haben den Eckstein verworfen;[4] darum bedecken die Trümmer des Baues alle Straßen: nicht ein Stein ist auf dem andern geblieben. Der Eckstein selbst aber ist zu einem neuen Tempel geworden, dessen Vorhöfe ungemessen sind,[5] ohne Schranken, die ganze Erde umfassend, zu dem hinströmen alle Völker.[6] Denn nicht mehr nimmt Gott der Herr an den Wohlgeruch des Brandopfers vom Altare des Vorhofes;[7] „vom Aufgange der Sonne bis zu deren Niedergange wird an allen Orten geopfert und ein reines Speiseopfer dem Namen Gottes dargebracht, der verherrlicht ist unter den Völkern."[8]

Obgleich der Tempel von Jerusalem nimmer erstehen, „seine Verödung dauern wird bis zum Ende",[9] — der Glanz der glorreichen Vergangenheit, der Heiligenschein, mit dem ihn der Aufenthalt des göttlichen Heilandes umgeben hat, erzwingen sich noch immer unsere Ehrfurcht und unser mannigfachstes Interesse. Exegeten, Archäologen, Historiker, Künstler haben sich mit ihm beschäftigt und ihn wenigstens im Bilde wieder erstehen zu lassen versucht. Die Angaben der heiligen Schrift, die Überlieferungen der Juden, die spärlichen Nachrichten der Profanhistoriker, die topographischen Verhältnisse des Ortes, wo der Tempel gestanden, — alles ist aufs genaueste studiert und durchforscht worden, jede Einzelheit hat ihre Monographie gefunden und zu den interes-

---

[1] Matth. 24, 2. — [2] Matth. 24, 15; Dan. 9, 27. — [3] III Reg. 9, 7. 8.
[4] Act. App. 4, 11. Vgl. Ps. 117, 22; Is. 28, 16; Luk. 20, 17.
[5] Joh. Apoc. 11, 2. Atrium ne metiaris, quoniam datum est gentibus. [6] Is. 2, 2; Tob. 13, 14.
[7] Ps. 49, 9; Dan. 9, 27. Deficiet hostia et sacrificium. [8] Malach. 1, 10. 11. [9] Dan., a. a. O.

santesten Controversen Anlass gegeben. Unzählige „Reconstructionen" des alten Jehova-Tempels, in den verschiedenen Zeiten je nach dem Stande der archäologischen Kenntnisse mehr oder minder glücklich versucht, tragen den Stempel eines oft immensen Aufwandes von Scharfsinn und Studium an sich.[1]

Wenn nun nach solchen Arbeiten auch wir mit einer kleinen Schrift über den Tempel von Jerusalem hervorzutreten wagen, so ermuthigt uns dazu die Hoffnung, auf einem neuen Wege der Untersuchung zu sicherern Resultaten gelangt zu sein.

Es leitete uns nämlich der Gedanke, dass die lückenhaften Quellenberichte ergänzt, die widersprechenden Beschreibungen der alten Autoren geprüft werden könnten, wenn das künstlerische Gestaltungsprincip, das dem Bau zugrunde gelegen, das Gesetz der Maße, der Maßverhältnisse, nach denen der Baumeister, der Künstler, seinen Plan entworfen, die einzelnen Theile in ihren Größen bestimmt hat, aufgefunden sei.

Dass aber ein solches Gesetz, ein mathematisches Constructionsgesetz, dem Bau zugrunde gelegen, darüber kann kein Zweifel herrschen, will der Tempel überhaupt Anspruch auf den Namen eines Kunstwerkes machen.

„Der Gedanke eines jeden wahren Kunstwerkes ist seinem letzten Grunde nach wesentlich mathematischer Natur, seine obersten Gesetze sind die Gesetze der Mathematik. Nur auf dem Wege strenger Gesetzmäßigkeit baut sich das Werk der freien Schönheit auf; die echte Kunst beruht in der Durchbildung des äußern durch das innere Gesetz." Diese goldenen Worte A. Reichensbergers[2] versuchten wir an dem anerkanntermaßen eminenten „Kunstwerke" des Heiligthums von Jerusalem zu bestätigen. Das Resultat mag zeigen, ob unsere Behauptung gerechtfertigt ist, dass wir in dem Tempel ein so vollkommenes Muster eines durch die Geometrie bestimmten und beherrschten Bauwerkes haben, wie sich wohl kaum ein zweites aus alter Zeit finden lassen wird. „Die Hand des Herrn führte mich in den Tempel, und siehe, da stand ein Mann, der trug ein Maßrohr in seiner Hand: und er sprach zu mir: Achte auf alles, was ich dir zeigen werde, - - und er nahm die Maße des Tempels."[3]

[1] Am Schlusse haben wir ein Verzeichnis der hauptsächlichsten Literatur gegeben.
[2] Vorwort zu dem 1845 neuerschienenen Büchlein: „Von der Fialengerechtigkeit, von Matthias Roriczer, weiland (1486) Dombaumeister zu Regensburg". Trier 1845.
[3] Ezech. 40, 3 ff.

Was den Gang unserer Untersuchung betrifft, so werden wir von den historischen und topographischen Daten, von den überlieferten Maßen, ausgehen. An dieses, auf festem Grunde gewonnene Resultat, versuchen wir unsere Theorie anzuwenden.

Während wir für ersteres vielfach auf den Errungenschaften gelehrter Forscher fußen konnten, mußten wir uns für letzteren speciellen Zweck unserer bescheidenen Arbeit die Wege selbst bahnen.[1]

[1] Nur M. de Vogüé hat einigermaßen versucht, ein geometrisches Gesetz am Tempel Salomons, und zwar nur am eigentlichen Tempelhause, nachzuweisen. Vom Standpunkte der Symbolik, den wir aber unberücksichtigt lassen, wurden die Zahlen und Maße des Tempels vielfach von den heiligen Vätern, Commentatoren und neuern Exegeten betrachtet.

I.
DIE STIFTSHÜTTE.

Um die Anlage und Einrichtung des Tempels verständlich zu machen, ist es nothwendig, das heilige Zelt, die „Stiftshütte", jenen ersten Tempel, der die Israeliten auf ihren Wanderungen von Ägypten nach dem gelobten Lande begleitete, einer Betrachtung zu unterziehen. Dieses Zeltheiligthum enthält bereits den vollständigen Typus des spätern steinernen Tempels. Es genügt jedoch für unsere Zwecke die Kenntnis der Hauptanlage. Eine Exegese der mannigfach dunklen Beschreibung, die uns Moyses hinterlassen hat, zu geben, liegt außer unserer Absicht.

„Ich will inmitte der Kinder Israels wohnen und ihr Gott sein: ein Heiligthum sollen sie mir machen nach dem Vorbilde des Zeltes, das ich dir zeigen werde: daselbst will ich zusammenkommen mit den Kindern Israels."[1] Mit diesen Worten gibt Gott dem Moyses am Sinai den Auftrag zur Errichtung des ersten officiellen Heiligthums, nachdem er mit seinem Volke den Bund geschlossen hat. In demselben ist der Zweck und die Bedeutung der Stiftshütte, und damit auch des spätern Tempels, ausgesprochen. Es sollte eine Wohnstätte Gottes unter seinem Bundesvolke sein, der Palast des Gottkönigs, die Residenz, in welchem das „priesterliche Volk" mit ihm verkehre, die heiligen Opfer darbringe und die Weisungen empfange.[2] Dieses heilige Zelt ist inmitte des Lagers aufgeschlagen. Rings um seinen König und Hirten lagert

[1] Exod. 25, 8. 9; 29, 42—46.   [2] Exod. 25, 17; 29, 42.

das Volk. Mit dem Aufbruche des Volkes zieht auch der Bundeskönig in seiner Mitte weiter, gleichsam als sein Schützer und Führer.[1]

Dieselbe Bedeutung behält auch später, nachdem das Volk Israel sich feste Wohnsitze erworben hat, der steinerne Tempel. An Stelle des Lagers tritt Jerusalem oder das ganze heilige Land, das Bundesland des Gottkönigs.

Wir haben eine zweimalige detailierte Beschreibung der Stiftshütte im Buche Exodus. In Cap. 25—27 ist die Anweisung des Baues von Seite Gottes an Moyses und in Cap. 36—38 wird die Ausführung beschrieben und zugleich eine Art von Rechenschaftsbericht dem Volke gegeben, das seine Beiträge und Opfer zu dem Werke gebracht hatte. Gott selbst will Baumeister und Künstler sein, der den Plan zu seinem Heiligthum gibt, der die Einrichtung und die Maße bestimmt,[2] wie er sich einstens würdigte, Plan und Maße der Arche anzugeben.[3] Zur Herstellung des Werkes beruft er zwei Meister, den Bezaleel und den Oholiab.[4] Das gesammte Volk aber muß das kostbare Material liefern. Es brachte zusammen an Gold 29 Talente und 730 Seckel, an Silber 100 Talente und 1775 Seckel, das ist etwa 4.285.000 Mark nach unserm heutigen Geldwerte,[5] ferner Kupfer und Erz, Hyazinth, Purpur, doppelgefärbte Carmoisinwolle, Byssus, Ziegenhaar der weißen Angoraziege, rothe Widder- und Tachasfelle, Akazien- (Setim-) Holz, Öl, Spezereien u. a. m. Und es that dies „mente promptissima et devota". Männer und Weiber brachten ihr Goldgeschmeide, und was früher zum Dienste der Eitelkeit gedient hatte, ward nun dem Dienste des Heiligthums gewidmet.[6]

Es war am ersten Tage des ersten Monates im zweiten Jahre nach dem Auszuge aus Ägypten, im Jahre 1314 vor Christus, als das Heiligthum aufgerichtet und eingeweiht wurde.[7] Den Verhältnissen entsprechend, wie sie das beständige Umherziehen des Volkes durch die Wüste mit sich brachte,

---

[1] Num. 10, 33.
[2] Exod. 25, 40. Inspice et fac secundum exemplar, quod tibi in monte monstratum est. Vgl. Act. App. 7, 44; Hebr. 8, 5.
[3] Genes. 6, 14 ff.   [4] Exod. 36, 1; 31, 2 ff. Vgl. 35, 30 ff.
[5] Exod. 38, 24 ff. Die Summen klingen uns fabelhaft; allein man muß bedenken, dass es die Opfergaben von zwei bis drei Millionen Menschen waren, von denen 603.550 von über zwanzig Jahren je einen halben Seckel als Steuer zum Heiligthum entrichten mußten, das ergibt 301.775 Silber-Seckel = 100 Talente und 1775 Seckel. Dazu kommen dann noch die freiwilligen Geschenke des ganzen Volkes, besonders der Frauen, die in obige Zahl nicht einbegriffen sind. Vgl. Exod. 36, 5. Ferner lag das Goldland Madian in der Nähe. (Siehe „Das heilige Land", 1878, S. 192). Der alte Orient aber besaß einen ungeheuren Reichthum an Gold und Silber, welch ersteres in kaum drei- oder vierfachem Werte zum Silber stand. Siehe darüber: Bähr, Symbolik des mosaischen Cultus, I., S. 258 f.
[6] Exod. 35, 21 ff. — [7] Exod. 40, 2.

ist es ein tragbarer Zelttempel,[1] bestehend aus der Wohnung Gottes, dem Zelte,[2] und dem dasselbe umgebenden Vorhofe.

Das Zelt, ein Oblongum von 30 Ellen Länge, 10 Ellen Breite und 10 Ellen Höhe, ist ein einfaches aber kostbares Werk. Drei Seiten bestehen aus einem festen Gerüste von 48 Brettern aus Akazienholz, während die vierte, eine Schmalseite von zehn Ellen, offen bleibt und zum Eingange dient. Die Bretter oder Bohlen haben eine Länge von zehn Ellen,[3] eine Breite von $1^1/_2$ Elle, und wie Flavius Josephus[4] berichtet, und wie auch an und für sich sehr wahrscheinlich ist, eine Dicke oder Stärke von einer Palme oder $^1/_8$ Elle. Auf beiden Seiten sind sie mit Goldblech überzogen: sie sind so gestellt, dass 20 auf je eine Langseite des Zeltes kommen und acht auf die eine Schmalseite. Die 20 Bohlen geben zusammen eine Länge von 30 Ellen, gleich der Länge des Zeltes; die acht Bohlen aber machen eine Länge von zwölf Ellen aus, welche Zahl um zwei zu viel ist für die Breite des Zeltes. Daher sind die Eckbretter schmäler oder anders gestaltet.[5] Diese Bretter sind vermittelst vergoldeter Stangen, die an der Außenseite, unten, in der Mitte und oben durch goldene Ringe laufen, zusammengehalten. Sie stehen mit zwei Zapfen oder „Händen" je in zwei silbernen Untersätzen, „Füßen", von einem Talent (45 kg) Gewicht. Diese „Füße" können wir uns am besten so denken, dass sie mit der Bretterwand in einem rechten Winkel stehen und dadurch derselben eine festere, breitere Basis geben.[6] Die vierte Seite des Zeltes ist, wie bemerkt, nicht geschlossen; sie bildet den Eingang und ist gegen Osten, der aufgehenden Sonne zu, gerichtet. Ein kostbarer Byssus-Vorhang, prangend in den vier Farben[7] Weiß, Purpurblau, Purpurroth und Carmoisinroth, schloss denselben.

---

[1] ἱερὸν φορητόν sagt Philo (De vita Moysis, l. III, 2, 146); ähnlich Josephus (Antt. III, 6, 1).

[2] „Zelt", „Wohnung", „Zelt der Zusammenkunft", „Zelt des Bundes" oder „des Zeugnisses", „tabernaculum testimonii oder foederis" (Vulg.), daher unser „Stift-hütte".

[3] Die Elle = 7 Palmen à 4 Finger = 525 mm. Dass diese Elle, die alte ägyptische, wenigstens zur Zeit des Josue in Gebrauch war, siehe: „Revue archéologique", 1866, October. — [4] Antt. III, 6, 3.

[5] Exod. 26, 23 ff.; 36, 28 ff. Man nimmt die Eckbretter wohl am besten als ungleichschenklige Winkelbretter an („Zwillinge", „doppelte"), deren je ein Schenkel die Nord- und Südwand eine halbe Elle weit umfasste. Siehe Scholz, I., S. 150. Die Schwierigkeit fiele weg, wenn man alle Bretter eine Elle dick machen wollte anstatt $^1/_8$ Elle. Aber die Last solcher Balken würde schwerlich von acht Rindern auf vier Wägen transportirt werden können.

[6] Ein Abbildung nach dieser Art siehe in Lamy, Apparatus biblicus, Venet. 1756.

[7] Byssus ist eine feine Nessel-Leinwand aus orientalischem Flachs. Nach dem griechischen Schriftsteller Pausanias (um 170 n. Chr.) baute man in Elis ebensolchen an, der an Feinheit dem hebräischen gleichkam. Purpurblau ist ein tiefes, mehr ins Schwarz fallende Blau, Purpurroth ein glänzendes Dunkelroth, Carmoisin ein hochglänzender, scharlachrother Purpur.

Befestigt war dieser Vorhang an einer goldenen Stange, die auf fünf, mit Goldblech überzogenen und mit vergoldeten Capitälern und ehernen Basen versehenen Säulen ruhte. Damit war diese Ostseite in sechs Felder eingetheilt, deren mittlere zwei wohl als eigentlicher Eingang gedient haben werden. Zwanzig Ellen einwärts, nach Westen zu, trennte ein ganz ähnlicher Vorhang, in denselben Farben, nur noch dazu mit Cherubinen durchwirkt oder bestickt, und auf vier statt auf fünf Säulen mit silbernen Basen an goldenen Haken aufgehängt, das heilige Zelt in zwei Räume: das „Heilige", westlich, und das „Allerheiligste",[1] östlich. Letzteres ist die eigentliche Wohnung Gottes, unnahbar, nur für den Hohepriester einmal im Jahre zu betreten. In ersterem Raume steht der Rauchopfer-Altar,[2] der siebenarmige Leuchter[3] und der Schaubrottisch,[4] im letzteren ruht die Bundeslade[5] unter den Flügeln der Cherubim.[6] Das Allerheiligste bildet einen Cubus von zehn Ellen

---

[1] Andere Bezeichnungen für diese beiden Theile des heiligen Zeltes sind: τοπή, ἡ πρώτη und ἡ δευτέρα (Hebr. 9, 2. 6 und 9, 3. 7) oder für das Allerheiligste: τὸ ἅγιον (Josephus und Philo).

[2] Auf die verschiedenen Geräthe, die nicht zum Bau selbst gehören, näher einzugehen, liegt ausserhalb des Rahmens unserer Arbeit. Wir verweisen auf die betreffenden Artikel im Kirchen-Lexikon von Wetzer und Welte (2. Aufl.), sowie auf Scholz, Haneberg, Holzammer u. a. Nur weniges möge hier Platz finden. Wir können uns dann beim Salomon-Tempel noch kürzer fassen. — Der Rauchopfer-Altar (Exod. 30, 1—6; 37, 25—28) war aus Holz und vergoldet, zwei Ellen hoch, eine Elle breit. Oben an den Ecken waren vier „Hörner" (siehe unten bei Brandopfer-Altar). Unterhalb derselben zieht sich ringsum eine goldene Einfassung. Desgleichen ist er um die Mitte herum mit einem goldenen Kranze geschmückt, unter welchem sich Ringe zum Befestigen von Tragstangen befinden.

[3] Der siebenarmige Leuchter (Exod. 25, 31 ff.) ist von getriebenem Golde, etwa 1½ Elle hoch, die Maße sind nicht angegeben. Auf einem kleinen Postamente erhob sich das Hauptrohr, gebildet aus vier offenen Blumenkelchen, die durch runde Knöpfe von einander getrennt waren; von ihm giengen auf zwei Seiten je drei Arme hervor, die aus je drei solcher Blütenkelche gebildet waren und sich alle zu gleicher Höhe mit dem Hauptrohr erhoben. Oben auf diesen Armen standen sieben Lampen, die Tag und Nacht vor dem Herrn brannten.

[4] Der Schaubrottisch (Exod. 25 u. 37) aus Holz, mit Gold umkleidet und 1½ Elle hoch. Die Tischplatte, zwei Ellen lang und eine Elle breit, ist wie der Rauchopfer-Altar mit einem goldenen Kranze eingefasst. Die vier Füße werden ebenfalls um die Mitte durch einen solchen Kranz zusammengehalten. Unter demselben sind die Ringe für die Tragstangen befestigt.

[5] Die Bundeslade (auch Lade des Zeugnisses, d. i. der Offenbarung, genannt) Exod. 37, 1—9; 25, 10—21. Sie besteht aus einem hölzernen Schrein von 2½ Ellen Länge und 1½ Elle Breite und Höhe. Innen und außen ist sie mit Gold überkleidet und oben unter dem Rande mit einem goldenen Kranze geschmückt. Sie hat vier Füße, die nach auswärts gebogen sind wie zum Schreiten (vgl. Exod. 25, 12). Auf den beiden Langseiten (Antt. III, 6. 5; III Kön. 8, 8) sind Ringe für Tragstangen angebracht. Die Lade, in welcher die zwei Gesetzestafeln eingeschlossen sind, ist durch eine Platte aus massivem Golde geschlossen, welche so lang und breit ist wie die heilige Lade und den Namen Kapporeth, Sühnstätte, trägt. Sie ist der Thron Gottes, von wo er redet aus der Schechina, der geheimnisvollen Wolke. Zwei goldene Cherubim, auf den beiden Enden des Kapporeth, halten ihre Flügel über die Lade ausgebreitet und schauen auf dieselbe nieder: „die Ruhe unter den lobpreisenden Geistern" (Clemens Alex. strom. V, 6).

[6] Die Cherubim, als himmlische Geister, haben immer ihre Stellung und ihren Beruf da, wo Gott

Länge, Breite und Höhe, während das Heilige bei gleicher Breite und Höhe eine Länge von 20 Ellen hat.

Über dieses Holzgerüste waren vier Teppichdecken als Bedachung ausgebreitet, die an den beiden Langseiten und der Westseite herunterhiengen. Zunächst kommt der den heiligen Raum unmittelbar überdeckende Prachtteppich aus Byssus. Er ist in denselben Farben und mit den Symbolen der Cherubim gewirkt, wie die kostbaren Vorhänge am Eingang des Heiligen und Allerheiligsten. Er ist 40 Ellen lang und 28 Ellen breit.[1] Ob er außen über das Gerüste oder im Innern an den Wänden herunterhieng, ist aus dem heiligen Texte nicht ersichtlich. Letzteres ist aber wahrscheinlicher, da dieser Teppich die eigentliche „Wohnung" ausmachte.[2] Im spätern Tempel waren die Wände ringsum mit Cherubim ornamentiert, offenbar eine Erinnerung an die mit Cherubim durchwirkten Teppiche, die im heiligen Zelte die Wände bedeckten. Das Gold der Wände würde in diesem Falle allerdings verdeckt gewesen sein; aber man hätte dasselbe doch höchstens beim Lichte des siebenarmigen Leuchters gesehen, das Allerheiligste aber war ganz dunkel. Die Bundeslade, die nie gesehen wurde, war innen und außen mit Gold überkleidet. Hätten die kostbaren Teppiche die äußern Wände bedeckt, so wären sie vollständig

persönlich gegenwärtig ist und sich in seiner Herrlichkeit offenbart. Sie dienen ihm als Thron, als Träger und Offenbarer seiner göttlichen Majestät. (Vgl. Scheeben, Handbuch der katholischen Dogmatik, II., S. 90. Vgl. Genes. 3, 24; Ps. 17, 11; Ezech. 1, 5 ff.: 9, 3; 10, 3 ff.; 11, 22; Ps. 79, 2. „Qui sedes super Cherubim manifestare"). Treten sie in das Reich der Sichtbarkeit, in Vision oder Kunst, so erscheinen sie ausgestattet mit Attributen, in welchen die Fülle des Wissens und Lebens ausgedrückt ist. Sie haben alsdann die Gestalt entweder von geflügelten Stieren mit menschlichem Antlitz, oder von geflügelten Löwen mit menschlichem Antlitz, so dass sie durch die Flügel als Adler, durch den Leib und die Füße als Stiere oder Löwen, durch das Antlitz als Menschen erscheinen (Ezech. 1). Die später unten an den Wänden des Tempels zu erwähnenden Cherubim (III Kön. 6, 29; vgl. 7, 29) werden ausdrücklich bezeichnet als geflügelte Löwen und Stiere (vgl. Ezech. 41, 18 ff.). Analog diesen Wandverzierungen des spätern Tempels werden wir auch die Cherubim auf den Teppichen und Vorhängen der Stiftshütte aufzufassen haben. Wenn wir die zwei Cherubim über der Bundeslade nicht in Thiergestalten, sondern lieber in Gestalten menschlicher Wesen mit zwei oder vier Flügeln annehmen wollen, so haben wir dazu Vorbilder an den geflügelten Wesen, wie wir sie über den heiligen Laden der Ägypter sehen. Clemens von Alexandrien erinnert auch an die ägyptischen Sphinxen. Die geflügelten Löwen- und Stiergestalten mit Menschenköpfen in Assyrien tragen geradezu den Namen Cherub. (Vigouroux, La Bible et les découvertes modernes, t. II, p. 498 ff., vgl. t. IV, p. 328 ff.: Haneberg, p. 188 ff.; Calmet, Dict. bibl.: Sauley, L'art judaïque, p. 29; Kirchenlex. von W. u. W., 2. Aufl.)

[1] Der Teppich bestand aus zwei großen Theilen von je 20 Ellen Breite und 28 Ellen Länge, welche Theile mit 50 Hyacinthschleifen und ebensovielen goldenen Spangen miteinander verbunden wurden und so einen Teppich ausmachten. Er wurde so gelegt, dass die Zusammenfügung der Theile gerade über den inneren Vorhang kam, der das Heilige vom Heiligsten trennte. Jedes dieser zwei Stücke bestand wiederum aus fünf Theilen von 28 Ellen Länge und vier Ellen Breite.

[2] Exod. 26, 1. 6; 36, 8. 13. Vgl. Bähr, Symbolik, I., S. 63 f. und Munk, Palästina, Bd. 2, S. 328.

von den nachfolgenden verhüllt gewesen. Nur wenn der Byssusteppich im Innern herunterhieng, hatte das Heiligthum im Innern das Ansehen eines Zeltes. Über diese kostbare Decke lag eine zweite, aus den feinen seidenartigen Haaren der Angora-Ziege gefertigt. Sie hieng an den Außenwänden herab und war, wie die Zeltdecken der Araber, mittelst eherner Pflöcke und starker Seile am Boden befestigt. Sie wird Zelt genannt und dient eigentlich zur Bedachung der Wohnung.[1] — Zwei weitere Decken, die eine von röthlichen Widderfellen, die andere von Tachasfellen, dienten zum Schutze gegen die Witterung, werden also kaum beständig das heilige Zelt überdeckt haben.

Dieses eigentliche Heiligthum, das heilige Zelt, wurde nun von einem Vorhofe umschlossen, der bei 100 Ellen Länge eine Breite von 50 Ellen hatte. Gegen das Lager zu war er durch eine Zeltwand von weißen Byssus-Vorhängen begrenzt, welche von 60 hölzernen, fünf Ellen hohen und mit Silber überkleideten Säulen oder Pfosten, die wiederum fünf Ellen weit voneinander abstanden, getragen wurden, und zwar an silbernen Stangen, die auf silbernen Haken auflagen. Die Vorhänge waren am Boden mit ehernen Pflöcken befestigt und bilden so eine feste Wand. Die Füße oder Basen der Säulen waren aus Erz, die Capitäler aus Silber. Auf der Ostseite war eine Strecke von 20 Ellen freigelassen, die den Eingang in den Vorhof bildete. Den Verschluss dieses Einganges bewirkte ein kostbarer Teppich, der an drei respective fünf Säulen befestigt war, durch welche vier Eingänge von je fünf Ellen gebildet wurden.

Vorhof und Zelt waren so orientiert, dass der Eingang von Osten her war. Innerhalb dieses Vorhofes stand das heilige Zelt in der westlichern Hälfte des ein Rechteck von zwei Quadraten bildenVorhofes, und zwar wahrscheinlich so, dass an drei Seiten zwischen Zelt und äußerer Umfassung des Vorhofes je 20 Ellen Raum blieben, im Osten vor dem Eingang ins Zelt aber ein Quadrat von 50 Ellen den functionierenden Priestern und dem Volke diente. Hier stand der Brandopfer-Altar, fünf Ellen lang und breit, drei Ellen hoch,[2] sowie

---

[1] Er war 44 Ellen lang und 30 Ellen breit, bestand ebenfalls aus zwei Theilen von je 20 und 24 Ellen Breite und 30 Ellen Länge, die mit 50 ehernen Spangen und 50 Schleifen verbunden waren, und je aus vier beziehungsweise fünf Stücken von vier Ellen Breite und 30 Ellen Länge zusammengesetzt waren.

[2] Exod. 27, 1–8; 38, 1–7. Es ist ein mit Erz überkleidetes Gestell aus Akazienholz, mit Erde und Steinen ausgefüllt; letzteres wohl deshalb, weil das Ursprüngliche, von menschlicher Kunst Unberührte, am meisten der Heiligkeit zu entsprechen scheint. An den vier Ecken sind die Hörner. Bis zur halben Höhe umgibt ihn eine ebenfalls aus Erde gebildete, wahrscheinlich eine Elle breite Stufe (Karkob) oder Bank, welche an den vier Seiten mit einem eisernen Gitterwerke (Mikkbar) umschlossen und zusammengehalten ist. Zu ihr führt von einer Seite her ein schräger, aus Erde gebildeter Aufgang.

das metallene Becken[1] zum Waschen der Hände und Füße der Priester; es war verfertigt aus dem Metalle von den Spiegeln der Weiber.[2]

* * *

Das ist in seinen Hauptzügen das Bild des heiligen Zelttempels wie ihn Gott selbst angegeben hatte. Es ist eine dem israelitischen Heiligthum völlig eigene, von den heidnischen wesentlich verschiedene Anlage und Einrichtung, mag dieselbe auch in Form und Gestalt einzelne Vergleichungspunkte mit solchen darbieten.[3]

In demselben einfachen, durchsichtigen Typus bewegt sich auch der spätere Tempel. Ein Plan und eine Anlage ist in beiden. Nur unbedeutende Einzelheiten modificieren sich nach den veränderten Verhältnissen.

Es dürfte darum hier am Platze sein, auf die Bedeutung des Heiligthums in seinen Haupttheilen mit ein paar Worten hinzuweisen.

Das heilige Zelt sinnbildet den Bund zwischen Gott und seinem Volke. Es will für den daraus folgenden Verkehr zwischen Gott und Israel dienen und eine Wohnung des Herrn unter seinem Volke darstellen. Darum zerfällt dasselbe in Zelt und Vorhof. Während ersteres die „Wohnung" des Bundesgottes ist, dient der Vorhof für das Volk, das hier vor seinem Angesichte erscheint.[4] „Nicht ist ein anderes Volk so groß, dass es seine Götter so nahe hätte, wie uns nahe ist unser Gott",[5] konnte Moyses sagen. Gott will inmitte des Volkes wohnen. Freilich kann Israel im Stande der Sünde nicht im Hause Gottes selbst wohnen. Aber vermöge seiner Erwählung war es doch bestimmt, in dasselbe aufgenommen zu werden. Das Ziel seiner Berufung, die Herstellung voller Lebensgemeinschaft mit Gott, wurde angebahnt durch das Priesterthum.[6] Während das Volk im Vorhof blieb, wo die Opfer der Versöhnung auf dem Altare dargebracht wurden, trat der Priester mit den Gaben und Gebeten des Volkes „vor Gottes Angesicht" in die Wohnung, ins Heilige, wo das Weihrauch- und Ölopfer brannten. Jenes auf dem Rauchopfer-Altar stellt, als das kostbarste aller Opfer, symbolisch die anbetend lebendige Vereinigung der geheiligten Seele mit Gott dar, das Ziel und der Gipfel aller Opfer. Darum dringt auch der Duft des Weihrauch-Opfers bis hinein in das selbst dem Lichte unzugängliche Allerheiligste. Dieses sinnbildet, indem es

---

[1] Über Form und Größe lässt sich nichts Bestimmtes sagen. — [2] Exod. 38, 8.
[3] Siehe Bähr, Symbolik des mosaischen Cultus. — [4] Exod. 34, 20; Lev. 9, 5; 23, 40; 1 Kön. 1, 3.
[5] Deuter. 4, 7. — [6] Bähr, a. a. O.

sich auf dem siebenarmigen Leuchter sozusagen ganz in Licht und Glanz verwandelt, die Verklärung der Seele, die durch Heiligkeit und Gerechtigkeit zu einem zur Ehre Gottes leuchtenden Bilde Gottes gemacht wird.[1] In das Allerheiligste, wo Gottes Majestät über der Bundeslade — denn sein Wohnen unter dem Volke beruht auf dem Bunde, den er mit ihm geschlossen — in unnahbarem Dunkel zwischen den Cherubim thront, tritt nur einmal im Jahre der Hohepriester ein mit dem Blute des Sühnopfers und der Wolke des Weihrauchs, als Vorbild des ewigen Hohepriesters Jesus, der einmal mit seinem eigenen Opferblute vor das Angesicht des Vaters tritt.[2] Dort thront Gott auf dem Capporeth, dem „Throne der Gnade und Barmherzigkeit",[3] aber auch in seiner herablassenden Gnade noch so hehr und herrlich, dass kein Sterblicher ihn unverhüllt anschauen kann, in seiner Heiligkeit so überwältigend, dass kein Mensch sie ertragen kann. Darum ist er in eine Wolke gehüllt, von Cherubim bedeckt und „seine Wohnung im Dunkel". Als Urquell alles Lichtes wohnt er in einem für uns Menschen unzugänglichen Lichte.[4]

* * *

Werfen wir noch einen Blick auf die einfachen Maßverhältnisse, in denen das heilige Zelt aufgeführt ist. Wir behalten uns vor, bei Beschreibung des Tempels des nähern auf die ästhetische Bedeutung der Zahlen und Maße einzugehen.

Es ist auf den ersten Blick ersichtlich, dass dem ganzen Plan das Quadrat, respective der Cubus zugrunde gelegt ist. Das Allerheiligste ist ein vollständiger Cubus, das Heilige besteht aus zweien. Der Vorhof wird gebildet durch zwei Quadrate, deren Diagonalen einerseits die Lage des Allerheiligsten und anderseits, wenigstens wahrscheinlich, die des Brandopfer-Altares bestimmen. Die Langseiten der Umfassungswände des Vorhofs bestehen aus je zehn, die Schmalseiten aus je fünf Quadraten.

Da somit das Quadrat sowohl für die Anlage des heiligen Zeltes als auch des späteren Tempels ein so wichtiges constitutives Element ist, müssen wir wohl hier auch die symbolische Bedeutung, die in ihm liegt,[5] ins

---

[1] Scheeben, a. a. O. III., S. 416 u. 1451. Salzburger Kirchenblatt, 1884, S. 182. — [2] Hebr. 9.
[3] Hebr. 4, 16. — [4] I Timoth. 6, 16. Vgl. II Par. 5, 14; 6, 1.
[5] Die symbolische Bedeutsamkeit der Zahlen und Maße bei der Stiftshütte ist zu sehr ins Auge fallend, als dass sie geleugnet werden könnte. Auch ist es Thatsache, dass es kein Volk des Alterthums gab, das nicht von den Zahlen und Maßen diesen symbolischen Gebrauch gemacht hätte. Vgl. Kurtz, Über die symbolische Dignität der Zahlen an der Stiftshütte. Theologische Studien und Kritiken, 1844, S. 318 ff.

Auge fassen. Wir werden ohnehin später auf den Symbolismus der Maße und Zahlen nicht mehr zurückkommen. Alles wesentliche über diesen Punkt ist, wie uns scheint, in den Worten des Neuplatonikers Proklus in seinem Commentar zu den Elementen des Euklid gegeben:[1] „Da das quadratische Viereck die Fülle der Gleichheit der Seiten und der rechtwinkligen Beschaffenheit der Winkel in sich birgt, dünkt es den Pythagoräern zum Unterschiede von den übrigen vierseitigen Figuren ganz vorzugsweise das Sinnbild des Wesens der Gottheit in sich zu tragen. Die ungetrübte, makellose Ordnung wird durch die Zeichen bildlich von ihnen angedeutet. Denn es stellt die rechtwinklige Beschaffenheit des nimmer Wankenden dar, des einander Gleichen, aber die allzeit feste Macht. Bewegung nämlich wird erzeugt durch Ungleichheit, festes Beharren aber durch Gleichheit. So werden denn die Urgründe aller festen Ordnung der Dinge in der unbefleckten, nimmer wankenden Macht mit vollem Rechte durch die Figur des Quadratischen sinnbildlich ausgedrückt." — So sehen wir denn auch das himmlische Jerusalem, die „Wohnung Gottes", in einem Cubus erbaut.[2] Wir verstehen, warum das Allerheiligste, als Wohnung Gottes, einen Cubus bildet. Das Heilige dagegen, und noch mehr der Vorhof, sind Sinnbilder des menschlichen Gottesreiches hienieden und also im Rechteck gebaut; denn das Rechteck hat eine ungleiche Ausdehnung nach zwei Seiten hin, trägt also die Signatur des Unvollendeten.[3]

* * *

Geschichte der Stiftshütte. Bei dem Aufbruch vom Sinai, und so oft das Lager abgebrochen wurde, legte man das heilige Zelt auseinander. Die drei Levitenstämme der Kahethiten, Gersoniten und Merarier trugen oder fuhren die Theile. Die Bundeslade mit Zubehör, Leuchter, Schaubrottisch, Rauch- und Brandopfer-Altar, wurden mit dem Byssus-Vorhang, der Teppichdecke des heiligen Zeltes und den Tachasfellen bedeckt und von Kahethiten getragen. Die Bohlen, Riegel, Säulen- und Fußgestelle wurden auf sechs, mit je zwei, von

---

[1] Proklus Diadochus, geb. zu Constantinopel, war in der zweiten Hälfte des vierten Jahrhunderts Vorsteher der neuplatonischen Schule zu Athen. Der Commentar zu Euklid (Proclus in primum Euclitis elementarum librum commentariorum libri IV. Putav. 1560) scheint ihm übrigens fälschlich zugeschrieben zu sein. Wir übersetzen nach: v. Thimus, Harmonikale Symbolik des Alterthums, II., S. 350.

[2] Gch. Offenb. 21, 16.

[3] Bähr, a. a. O., und Salomonischer Tempel. Vgl. desselben Commentar zu I, Samuel im Bibelwerk von Langen, ferner Keil, Handbuch der biblischen Archäologie, Haneberg, Scholz, Alterthümer.

den Stammesfürsten gelieferten Rindern bespannten Wägen geführt. Nach Eroberung des heiligen Landes, während der Dauer der Richterperiode, finden wir das heilige Zelt in Silo,[1] dem heutigen Selun oder Seilun, acht Stunden nördlich von Jerusalem[2] im Stammgebiete Ephraïms, woselbst es als legitime Cultstätte galt. Hier ist der Schauplatz der Jugendgeschichte Samuels, der daselbst unter Leitung des Hohepriesters Heli oder Eli erzogen wurde. Gegen Ende der Richterzeit noch unter Eli, fiel die heilige Lade in die Hände der Philister,[3] kam nach Asdod,[4] Gath[5] und Akaron,[6] dann zurück in das Stammesgebiet von Juda nach Beth-Semes[7] und schließlich in das Haus des Aminadab zu Kirjath-Jearim.[8]

Mit der Entfernung der Bundeslade nahm auch die Bedeutung des Heiligthums in Silo ab. Während die Stätte selbst, wie es scheint, von den Philistern zerstört wurde, treffen wir das heilige Zelt unter Saul in Nobe, dem heutigen Samwîl, bei Jerusalem im Stamme Benjamin,[9] und unter Salomon zu Gibeon,[10] wo Zadok als Priester fungiert. Von dort wurde es in den neuerbauten Tempel übertragen.[11] Sein weiteres Schicksal ist unbekannt.

[1] Nach einer Angabe der Mischna (Sebachim 14, 6) wäre bereits in Silo eine Art festen Tempels an Stelle des Zeltes getreten, insofern die Bretterwand durch eine Steinmauer ersetzt worden wäre, indessen im übrigen das Heiligthum den Zeltcharakter beibehalten hätte. Es heißt daselbst: „Es war von unten ein Bau von Steinen und von oben Zeltdecken." Diese Angaben scheinen mehrfach die Geschichte Samuels (I Kön. 1), sowie den öfter gebrauchten Ausdruck: domus Dei (z. B. Richter 18, 31) zu erläutern. Die Bezeichnung „tabernaculum" für das Heiligthum in Silo wird gleichwohl beibehalten. Ja in II Par. 1, 3 wird selbst das Zelt zu Gibeon noch als das von Moyses gemachte bezeichnet, was sich erklären lässt, selbst wenn inzwischen die Teppiche und Vorhänge öfters erneuert wurden.

[2] Siehe Ebers, Palästina, S. 239 f., und Riehm, Handw. z. d. W. — [3] I Kön. 4, 11.

[4] Asdot (Azotus), das heutige Dorf Esdud, zwei Meilen südlich von Jamnia gelegen.

[5] Seine Lage nicht genauer bestimmbar.

[6] Akaron oder Ekron, jetzt Akir, in der Nähe von Jabne. Siehe Robinson, Palästina, III., S. 229 ff.

[7] Jetzt Ajn Semes im Wadi es Sarân. Siehe Riehm, a. a. O.

[8] Das heutige Abu-Gosch oder Karjet el Enab (Traubendorf), ehemals Kirjath-Baal oder „Baala der Canaaniter" (Josue 15, 9. 60; 18, 14; I Par. 13, 6) und Kirjath-Jearim, d. I. Waldstatt (campus silvae, Ps. 131) genannt.

[9] I Kön. 21. Nebi Samwîl, nordwestlich von Jerusalem, auf weithin sichtbarer Höhe. Wie durch Samuel das Königthum an einen Benjaminiten (Saul) kam und so die Hegemonie von Ephraïm auf Benjamin überging (repulit tabernaculum Siloh, Ps. 77, 60), so kam auch das heilige Zelt in das Stammgebiet Benjamins.

[10] III Kön. 3, 4; II Par. 1, 3. Gibeon scheint mit Nobe eins und dasselbe zu sein. Siehe Z. D. P. V., Bd. IV., 1881, S. 241 ff. Nach Ebers (l. c., S. 203 und Anm. 43) und Robinson (Palästina, II., S. 338 ff.) wäre Gibeon gleich dem heutigen el Dschib in der Nähe von Nebi Samwîl.

[11] III Kön. 8, 4; II Par. 5, 5.

II.
DER SALOMONISCHE TEMPEL.

Nachdem Davids starke Hand das in der Richterperiode der Auflösung nahe gekommene Zwölfstämmereich in einen einheitlichen, festen Staatsverband gebracht, wählte er Jerusalem zum politischen Centrum seiner Herrschaft. Aber Israel war noch immer ein theokratisches Volk mit Gott als dem eigentlichen Könige und Herrscher. Diesem Verhältnis, dieser innigen Verbindung von Königthum und Gottesherrschaft, eine äußere Darstellung zu geben, war dem frommen Könige Herzenssache. Er that es durch Creirung der Landeshauptstadt zur Centralstätte des religiösen Lebens in Israel. So gab er zugleich der Einheit des Cultus, welche in der Richterzeit mit der Einheit des Volkes verloren gegangen war, durch Wiedereinführung einer einheitlichen Cultstätte Bestand. Alsbald nach Vollendung der wichtigern Befestigungs- und Wohnungsbauten im neuen Jerusalem beschloss der König auf einer großen Reichsversammlung,[1] zuerst die Bundeslade, „um die man sich in den Tagen Sauls nicht gekümmert hatte,“ feierlichst von ihrem bisherigen Standorte nach Jerusalem hinüberzuführen.[2]

Inmitte einer begeisterten Volksmenge mit Musikchören aller Art begab er sich also nach Kirjath-Jearim, wo seit etwa sechs Jahrzehnten[3] die Familie Aminadabs das theuere Kleinod hütete. In feierlicher Procession führte man sie auf einem Wagen gen Jerusalem.[4] Aber man kam nur bis zum Hause

[1] I Par. 13, 1 ff. — [2] Weiß, David und seine Zeit, S. 180. — [3] Weiß, a. a. O. — [4] Vgl. Ps. 131.

eines gewissen Leviten Obed-Edom, wo sie auf ein göttliches Zeichen hin drei Monate blieb. Darnach führte sie David endlich mit großer Feierlichkeit auf den Sion, in seinen Palast oder in die Nähe desselben.[1] Er ließ daselbst ein neues Zelt errichten und bestellte einen eigenen Gottesdienst unter Leitung des Priesters Abiathar, während eine andere Linie der Nachkommen Aarons unter Zadok bei der Stiftshütte in Gibeon diente.[2]

Mit diesem ersten Erfolge ruhte David noch nicht. Es duldete sein tieffrommes Herz nicht länger, dass er in einem Palast von Cedern wohne, Gott, der Herr des Volkes, aber noch im alten Heiligthume unter Thierfellen[3] ohne festen Sitz.[4] Er wollte dem sich so glorreich in den Kämpfen und Geschicken des Volkes offenbarenden Gotte einen würdigen Tempel erbauen in der Hauptstadt des Landes. Es war etwa im zehnten Jahre der Befestigung seiner Herrschaft durch die Eroberung der Jebusiterveste, als er dem Propheten Nathan seinen Herzenswunsch und Plan mittheilte. Doch die Ausführung dieses frommen Vorhabens war noch nicht nach Gottes Absichten. Nathan musste dem Könige die göttliche Weisung geben, von seinem Vorhaben abzustehen. Gott habe sich zu diesem Werke den friedliebenden Sohn Davids, Salomon, erkoren. — David beugte sich und erhielt zum Troste den Ausblick in die Zukunft, dass Gott ihm vielmehr „ein Haus bauen" wolle, indem er ihn zum Stammvater einer glorreichen Dynastie machen werde, die aus der Zeit in die Ewigkeit hinüberragen solle.

Sah sich der König somit gehindert an der persönlichen Ausführung seines Lieblingsgedankens, so ließ er es sich doch nicht nehmen, wenigstens die Vorbereitungen zu treffen, alle Mittel und alles Material zu beschaffen. Gold, Silber, Erz, Eisen, kostbare Steine und Holz zum Baue brachte er mit wahrhaft königlichem Aufwande zusammen. „Siehe", konnte er am Abende seines Lebens,[5] als er seinem Sohne dies gesammelte Material nebst den fertigen Bauplänen übergab, sprechen, „in meiner Armut habe ich all diese Auslagen für das Haus des Herrn bestritten: 100.000 Talente Goldes und eine Million Talente Silbers.[6] Erz und Eisen ohne Gewicht; es ist mehr als sich

---

[1] II Kön. 6, 16 ff.; I Par. 16, 1. Vgl. Weiß, a. a. O. — [2] II Kön. 8, 17; I Par. 16, 39.
[3] II Kön. 7, 2 ff.; I Par. 17, 1 ff. — [4] II Kön. 7, 6; I Par. 17, 5. — [5] I Par. 22, 14; 29, 2—9.
[6] Drei Millionen Thaler Gold und 25 Millionen Thaler Silber. Bei der ungeheuerlichen Summe können wir immerhin eine Corruption der Zahlen annehmen. Doch müssen wir bedenken, dass allemal nach Besiegung eines Volkes ein Theil der Kriegsbeute dem Schatze des Zeltes zufiel. Derselbe dürfte zur Zeit Davids schon sehr bedeutend gewesen sein; er wuchs unter seiner Regierung durch die Besiegung der Nachbarstämme bis zum Euphrat hin. Vgl. z. B. I Par. 26, 20—28. Vgl. Neteler, Chronik, S 133. De Saulcy, L'art judaïque.

KARTE von JERUSALEM zur ZEIT CHRISTI.

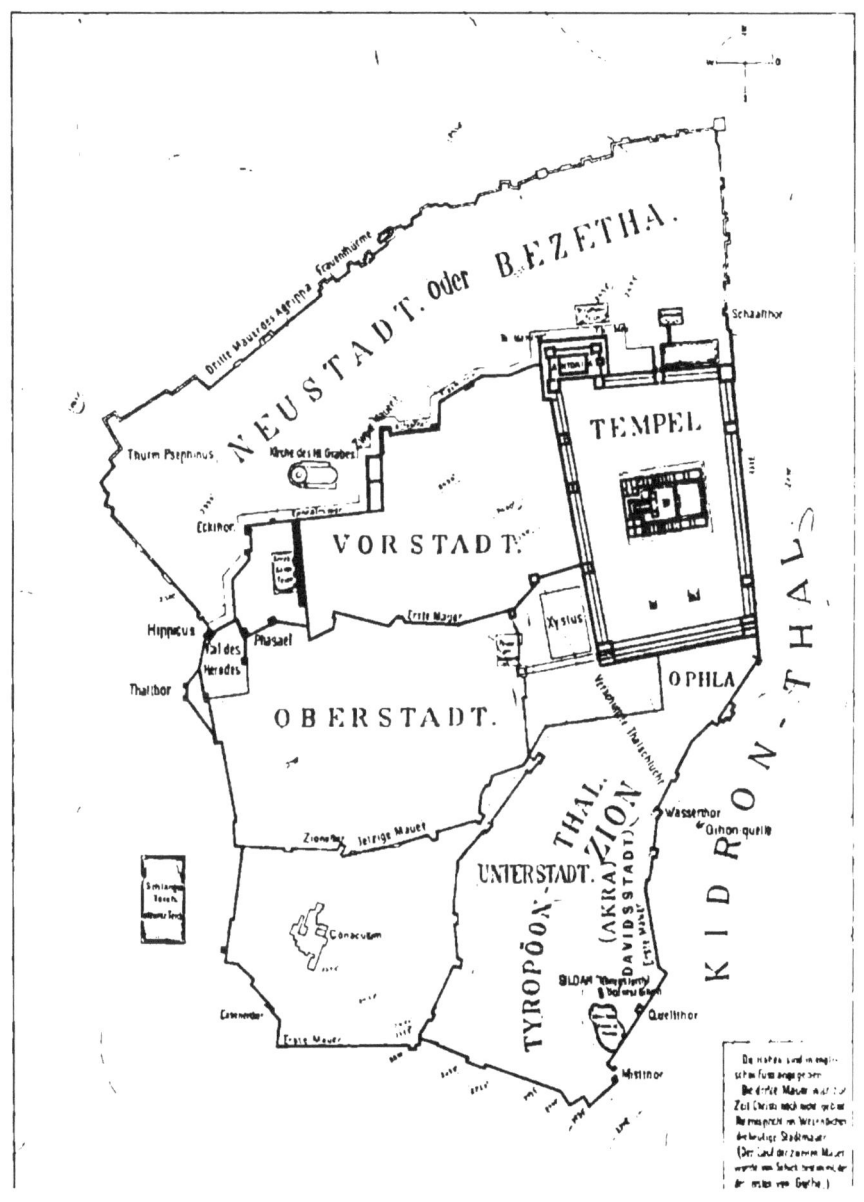

in Zahlen ausdrücken läßt." Diese enormen Schätze waren zusammengeflossen aus den Gaben des Königs, der Stammesfürsten und des ganzen Volkes.[1] Bei seiner Abschiedsrede, die der sterbende König gelegentlich einer großen Reichsversammlung aller Fürsten, Großen, Heerführer und Beamten[2] an das Volk richtete, preist er die Freigebigkeit desselben in demüthiger Dankbarkeit gegen Gott in folgenden schönen Worten:[3] „Gepriesen seist Du, Herr Gott unseres Volkes Israel, von Ewigkeit zu Ewigkeit! Dein ist die Herrlichkeit, die Macht, der Ruhm und Sieg, und Dir gebürt Lobpreis. Was im Himmel und auf Erden ist, es ist ja dein Eigenthum. Und wer bin ich und dieses Volk, dass wir Dir etwas bieten könnten? Nur was wir von Deiner Hand empfangen haben, geben wir Dir; wir sind ja nur besitzlose Fremdlinge vor Dir und bedürftige Ankömmlinge. Ich weiß, mein Gott, dass Du die Herzen kennst und die Einfalt liebst. Drum bringe ich Dir in Einfalt meines Herzens all dies mit Freuden dar, und, mit unaussprechlichem Jubel erfüllt, sehe ich dieses Volk, das hier versammelt ist, Dir Gaben weihen. Herr, Gott Abrahams, Isaaks und Israels, Gott unserer Väter! bewahre in Ewigkeit diesen ihren guten Herzenswillen und allezeit bleibe der Sinn dieses Volkes darauf gerichtet, Dich zu ehren!"

Nicht genug, dass David die Mittel für den Bau beschaffte, er bestimmte auch, und zwar auf göttliche Weisung hin, den Platz für den zu erbauenden Tempel und erwarb käuflich das dazu nöthige Grundstück. Es war die Tenne des Jebusiters Ornan oder Aravna. Auf ihr hatte David den Engel Gottes gesehen, wie er bei der das Land verheerenden Pest das entblößte Schwert gen Jerusalem gezückt hielt. Auf Weisung des Propheten hatte David darauf an dieser Stelle einen Altar erbaut und Opfer darbringen lassen. Von nun an wurde der ganze Opferdienst von dem Zelte auf Sion nach der Tenne Ornans verlegt,[4] und David bestimmte auf demselben den Platz für Tempelhaus und Altar.[5]

Es ist hier angezeigt, dass wir uns von der Lage des zukünftigen Tempels und damit von den topographischen Verhältnissen der Stadt überhaupt ein Bild machen. (Siehe dazu die topographische Karte Jerusalems.)

Die heilige Stadt liegt auf einem in südöstlicher Richtung sich erstreckenden Höhenzuge, der nur im Norden mit der großen Hochfläche von Judäa zusammenhängt, im übrigen aber von engen Thalschluchten umgeben ist. Im

---

S. 130. Zudem sagt die heilige Schrift in einer hyperbolischen Weise, dass Gold und Silber damals in Bezug auf die Menge den Steinen gleich gewesen sei. III Kön. 10, 27; II Par. 1, 15; 9, 27.

[1] I Par. 29, 8. — [2] I Par. 28, 1 ff. — [3] I Par. 29, 10 ff. — [4] I Par. 21, 28. — [5] I Par. 22, 1.

Osten fällt der Höhenzug steil ab gegen das Thal Cedron; im Süden und Westen umgibt ihn das Thal Ben-Hinnom, während die Nordseite der Stadt von dem sich in südöstlicher Richtung abdachenden Hügel überragt wird, so dass also der höchstgelegene Punkt im Nord-Westen, der tiefstgelegene im Süd-Osten der Stadt ist. Eine im Norden der Stadt beginnende, südlich sich hinziehende Thaleinsenkung, anfangs flach und breit, dann tiefer und enger — das sogenannte Tyropöonthal — spaltet dieses Höhenplateau in zwei ungleiche Theile, einen westlichen, der größer, breiter und höher ist, und einen östlichen, schmälern und niedrigern. Dieser östliche Hügel, und zwar der südliche Theil desselben, ist der Boden der ältesten Gründung der Stadt durch die Jebusiter. Hier stand die feste Jebusiterburg, die von David erobert und zur „Stadt Davids" gemacht wurde.[1] Es ist der Sion.[2] In späterer Zeit, schon unter Salomon, bildet er einen kleinen Stadttheil von Jerusalem, das sich hauptsächlich auf dem höhern, breitern Westhügel ausdehnte. Eine Mauer umfasste beide Hügel und verband sie zu einer Stadt.[3] Diese Mauer begann in der Nähe der heutigen Citadelle beim Jaffathore und zog sich in ziemlich gerader Richtung ostwärts bis zum Cedronthale. Hier, am Ophlathurm, wendete sie sich südwärts, umfasste den Südost-Hügel mit der „Davidsstadt", überschritt beim untern Gihon- oder Siloahteiche das Tyropöonthal und begrenzte den Südwest-Hügel im Süden und im Westen. Wahrscheinlich war der Westhügel auch an seinem Ostabhang gegen das Tyropöonthal zu durch eine Mauer abgegrenzt und ebenso der Südost-Hügel auf seinem westlichen Abhange. Der westliche Stadttheil hieß auch Oberstadt, der östlichere Unterstadt. Diesen Umfang hatte die Stadt zur Zeit des Tempelbaues. Unter den spätern Königen kam noch die sogenannte Vorstadt im Norden hinzu und ward mit einer Mauer, der „zweiten Mauer", umschlossen, welche etwas westlich vom heu-

---

[1] II Kön. 5, 7. 9; I Par. 11, 5. 7.
[2] Wir treten hier bezüglich der Topographie Jerusalems, insbesondere bezüglich der Lage des Sion, der jetzt fast allgemein zur Geltung gekommenen Ansicht bei, wonach unter dem Sion der Osthügel, beziehungsweise der südliche Theil desselben, zu verstehen ist. Die Frage, die schon unendlich viel Streit erregt hat (siehe die Hauptliteratur im Anhange), scheint uns ziemlich entschieden durch die neuen Arbeiten von Rieß (Biblische Geographie), Klaiber (Z. D. P. V., III. Bd., S. 189 ff. und IV. Bd., S. 18 ff.) und die Ausgrabungen Guthes (vgl. V. Bd. derselben Zeitschrift, obwohl sich Gatt in der Zeitschrift „Das heilige Land", 1881 und 1882, sowie in der Tübinger „Theologischen Quartalschrift", 1885 (vgl. 1870) noch dagegen ausspricht. Die entgegenstehende Tradition, welche den Sion auf den Westhügel verweist, ist nachweisbar nicht alt. Es berührt übrigens diese Frage die Lage des Tempels nicht, für welche der Osthügel und zwar der Bezirk des heutigen Haram esch-Scherif unbezweifelt feststeht.
[3] Schon die Dualform Jeruschalaim deutet auf eine Doppelanlage der Stadt auf zwei getrennten Hügeln hin.

tigen Jaffathore, von der „ersten Mauer" sich abzweigte. Sie wandte sich in einem Bogen nordöstlich bis zu den Thürmen Hananeel und Mea und umschloss alsdann den nördlichen Theil des Osthügels, den Platz des Tempels, d. i. des heutigen Haram esch-Scherif, und mündete bei dem Ophlathurm. Diesen Umfang hatte die Stadt bis zur Zeit Christi. Unter König Agrippa I. wurde die Stadt im Norden und Nordwesten noch bedeutend erweitert. Die „dritte Mauer" umfasste den Hügel Bezetha im Norden und Goath im Nordwesten. Der so neu hinzugekommene Stadttheil hieß Bezetha, Neustadt. Das heutige Jerusalem entspricht bezüglich seiner Lage und seinem Umfange dem alten nach der Erweiterung durch Agrippa I.; nur liegt im Süden der ganze Südost-Hügel, die alte Davidsstadt, und der größte Theil des Südwest-Hügels außerhalb der Mauern.[1]

Verweilen wir nun noch etwas länger bei der Betrachtung des Südost-Hügels, des Sion. Er senkt sich in verschiedenen Stufen und kleinern Plateaus nach Süden hin allmählich dem Thale zu, indem er zugleich immer schmäler wird. Seine Flanken sind nach Westen und Osten zu ziemlich abschüssig und waren dies ehedem noch mehr,[2] bevor der Schutt, die Trümmer so vieler Zerstörungen, die Gründe ringsum ausgefüllt hatte. Der südliche Theil des Hügels, der in drei Stufen abfällt, trug die alte Davidsstadt[3] mit der königlichen Burg, der alten Jebusiterfeste Sion oder Zion.[4] Sie lag oberhalb der heutigen Marienquelle, der alten „obern Gihonquelle". Die Stadt wurde von David mit Mauern umgeben. Im Norden war Burg und Stadt durch eine Schlucht[5] von der höher gelegenen Kuppe, welche heute die künstliche Haramfläche trägt, getrennt. Diese Kuppe bildete einen beinahe selbstständigen Hügel in dem Höhenzuge. Auf ihrer Spitze trug sie einen Felsblock,[6] gleich einem Denkzeichen oder einem natürlichen Altare. Diese Kuppe

---

[1] Den Lauf dieser drei Mauern siehe auf der beigegebenen Karte, den der ersten Mauer hat Guthe, a. a. O., bestimmt, den der zweiten Schick, Z. D. P. V., VIII. Bd., 4. Heft.
[2] Siehe: Karten und Pläne zur Topographie Jerusalems, von Dr. Zimmermann, Basel 1876, Tafel I u. II.
[3] Vgl. die Ausgrabungen Guthes a. a. O.
[4] Der Name Zion scheint so viel zu bedeuten als „aufgerichteter Fels", ein „Felsstock mit steilen Abhängen", „Jäher Absturz des Felsens" (vgl. Klaiber, a. a. O.; siehe Ewald, Geschichte des Israelitischen Volkes, III., S. 167). Auf ihm stand die feste Burg der Jebusiter, das nachherige Königshaus Davids, die spätere „Akra der Syrer", die 140 v. Chr., wie Josephus (Antt. XIII., 6, 6 und Bell. J. I., 2, 2; V., 4, 1) berichtet, geschleift wurde mitsammt dem Fels, auf dem sie stand.
[5] Dieselbe wurde bei Schleifung der Akra ausgefüllt. Siehe Josephus, a. a. O. Ihre Existenz hat Guthe bei seinen Ausgrabungen constatiert; sie war bei 50 m breit.
[6] Einige halten diesen für den Fels „Zion", der dem ganzen Hügel den Namen gegeben. Z. D. P. V.,

bezeichnet die Tradition als den Ort, den Gott dem Abraham gezeigt, wo er seinen Sohn Isaak zum Opfer bringen solle.[1] Eben dieser selbe Hügel ist die Stätte des spätern Tempels. Bei jenem Felsblocke haben wir die Tenne Ornans zu suchen.[2] Die Lage des Tempels war sonach an der Nordseite der Davidsstadt,[3] außerhalb der Mauern und dieselbe überragend.[4] Salomon fügte den Hügel der Stadt hinzu, umgab ihn mit Mauern, nahm selbst seine Wohnung im südlichen Theile desselben, ebenfalls außerhalb der Stadt Davids,[5] auf einem Plateau, das etwas höher als letztere, aber niedriger als der Tempel lag.[6] Der Name Sion gieng auf den ganzen östlichen Hügel über und haftete später an der Stätte des Tempels.[7]

* * *

Nachdem David also für alles vorgesorgt, übergab er die Pläne für die gesammte Anlage des Tempels seinem Sohne Salomon. „Sei stark und vollbringe das Werk", so sprach er, „denn der Herr, dein Gott, wird mit dir sein und dich nicht verlassen, bis du es zu Ende geführt haben wirst!"[8]

* * *

Salomons erste Sorge nach seiner Thronbesteigung war, den Plan und Wunsch seines Vaters auszuführen. Unter großem Gepränge, umgeben von den Fürsten des Reiches, zog er zunächst hinauf nach Gibeon, wo das heilige Zelt stand und der cherne Brandopfer-Altar, den Moyses noch angefertigt

---

II. Bd., S. 44 ff. Noch heute liegt derselbe auf dem Hochplateau des Haram in der Moschee El-Koubbet-es-Sakrah, d. i. „Felsendom", heilig verehrt von den Mohamedanern, umwoben von Erinnerungen und Sagen. Die Juden erblicken in ihm den geheimnisvollen Mittelpunkt der Welt (Gemara zu Joma, V., 1) oder den Stein, der den Mund des Abgrundes geschlossen (Gen. 8, 2. Targum Jerusal. zu Exod. 28, 30), auch die Stätte des Opfers Abrahams (Targum Jon. II Moys. 28, 30; siehe Socin — Bädeker, S. 179); nach mohamedanischer Annahme schließt er die Pforten der bodenlosen Abgründe des Jenseits. Vgl. Roblik, Jüd. Augengläser, II. Bd., S. 74 f.

[1] I Moys. 22, 2. 14. Vgl. Jos., Antt. VII, 13, 4 und I., 13, 1. 2. In II Par. 3, 1 wird er Moriah genannt.
[2] Ein Brunnen, der heutzutage in der Nähe dieses Felsens ist, heißt Bir-ar-rouah. In dieser Bezeichnung klingt noch der „Brunnen des Aravnah" wieder. Siehe Vogué, Le temple de Jérusalem.
[3] Vgl. Ps. 47, 3. Latera aquilonis, civitas Regis magni.
[4] Vgl. II Reg. 24, 18. 19; III Reg. 9, 24. — [5] III Reg. 9, 24: 7, 8.
[6] III Reg. 9, 24 und Jerem. 22, 1; 26, 10; 36, 10—12; IV Reg. 11, 19.
[7] I Mach. 4, 37, 41. Vgl. 6, 51 und 6, 62.
[8] I Par. 28, 10, 11. Nach Vers 19 dieses Capitels ist Gott selbst Urheber dieser Pläne. Vielleicht dass er in Art einer Vision dem David alles gezeigt hat, ähnlich wie einst dem Moyses beim Bau der Stiftshütte oder aber, dass David durch Inspiration den Willen Gottes bezüglich der ganzen Anlage erkannte, den er alsdann niederschrieb. Vgl. dazu Jerem. 36, 18.

hatte.¹ Dort brachte er große Opfer dar. Es war die Einweihung seiner Regierung. Gott, der Herr, rüstete ihn damals auf sein Gebet hin mit übernatürlicher Weisheit und Stärke aus. Zurückgekehrt nach Jerusalem, wandte sich Salomon an Hiram,² König von Tyrus, und schloss mit ihm einen Vertrag über die Holzlieferungen vom Libanon ab. Gegen bedeutende Entschädigung an Naturalien verstand sich dieser dazu, seine Holzarbeiter, denen Salomon Verstärkung zusendete, im Libanon die zum Bau erforderlichen Cedern und Cypressen schlagen zu lassen. Von dort wurden sie auf dem Meere nach Joppe geführt. Von 30,000 Frohnarbeitern aus den Israeliten arbeiteten je 10,000 einen Monat lang auf dem Libanon. Ferner waren 70,000 Lastträger und 80,000 Steinhauer aus den unterworfenen Völkern in den Steinbrüchen.³ Über je 50 Mann war ein Aufseher gestellt, und ein Oberaufseher, namens Adoniram oder Adoram, über alle. Die Bausteine wurden im Steinbruche behauen und zugerichtet, so dass beim Tempelbau selbst weder Hammer noch Beil, noch sonst ein eisernes Instrument gehört wurde.⁴ Für Erzarbeiten ward im Jordanthale, wo sich vortrefflicher rother Thonmergel befand, eine Erzgießerei errichtet,⁵ welche ein in allen Künsten erfahrener Meister (im Hebräischen „Vater") aus Tyrus, der gleichen Namen mit dem Könige Hiram führte, leitete. Unter ihm werden auch wohl die Gold- und Silberarbeiten, die Sculpturen und buntfarbigen Teppiche gemacht worden

---

¹ I Par. 21, 29; II Par. 1, 3 ff.
² Hiram, phönizisch Chirom, wohl gleich Achirom, d. i. Freund der Gottheit, nämlich Baals.
³ III Reg. 5, 6—18; II Par. 2, 17 f. Die Steinbrüche sind noch sichtbar unter dem Nordquartier des heutigen Jerusalems. Sie heißen jetzt Mogharet-el-Kettân. Siehe Vogüé, Le temple de Jérusalem, pg. 2.
⁴ III Reg. 6, 7. Der Talmud entwirft folgendes Bild von dem Bau des Tempels: „Unbeschreiblich war das Getöse und Gewoge in allen Weltregionen. Himmel und Erde dröhnten ob des Arbeitslärmes. Alle Geschöpfe der Welt kamen herbei, um irgend eine Beschäftigung beim Bau zu erbitten. Die Vögel des Himmels kamen geflogen, merkten auf die erforderlichen Gegenstände und eilten fliegend nach allen Richtungen der Windrose, um dieselben aus weiter Ferne zu holen, damit niemand in seiner Arbeit gestört werde. Die Wolken fächelten den Arbeitern erquickende Kühlung zu, um ihnen die drückende Hitze erträglich zu machen. Die Engel des Himmels kamen und giengen unaufhörlich, um die beim Bau Beschäftigten zu beschützen. Sieben Jahre hindurch standen letztere unaufhörlich bei der Arbeit, ohne dass einer von ihnen erkrankt oder auch nur unwohl geworden wäre. Keinem derselben ist während dieser Zeit ein Unfall zugestossen, kein Arbeitsgeräth oder Werkzeug versagte den Dienst. Das aus dem Walde herbeigeführte Holz war zu dem, wozu es gebraucht werden sollte, geeignet und bereits so beschaffen, wie man es eben brauchte. Der Glanz der herbeigeführten Steine blendete das Auge, so dass es in diesen nicht sehen konnte, gleichwie in den Glanz der Sonne. Voll Freudigkeit und Bereitwilligkeit verfertigten sich die Materialien selbst zum Nutzen des erhabenen Baues, und zwar so wie der sterbliche Mensch es sich im Geiste gar nicht hätte vorstellen können." Archäologische Beschreibung Jerusalems von J. S. Kolbe.
⁵ II Par. 4, 17.

sein, welche im Tempel zur Verwendung kamen; überhaupt dürfen wir ihn als den Baumeister des Tempels ansehen.

Der Tempelbau begann im vierten Regierungsjahre Salomons, d. i. im 480. des Auszuges aus Ägypten oder im Jahre 1011 v. Chr.[1] und nahm im ganzen 7½ Jahre in Anspruch.[2]

Wir haben oben die Lage des Tempels auf dem Sion-Moriah-Hügel an der Nordseite der Stadt kennen gelernt. Dieser Hügel aber war seiner natürlichen Beschaffenheit nach noch nicht unmittelbar und ohne weiters zum Baugrund geeignet: es waren Planierungen und Substructionen erforderlich.

Der Gipfel des Hügels bot nur eine geringe Ebene, kaum hinreichend für das verhältnismäßig kleine Tempelhaus und den Altar.[3] Um Terrain für die Vorhöfe zu gewinnen, musste man ringsum Futtermauern aufführen und die Zwischenräume ausfüllen.

Versuchen wir nun an der Hand der heiligen Schrift[4] und des jüdischen Geschichtsschreibers Flavius Josephus[5] eine Beschreibung des Bauwerkes zu geben.[6]

Wir haben schon früher bemerkt, dass der Tempel im wesentlichen nach dem Vorbilde der Stiftshütte erbaut war.[7] Die allgemeine Anordnung ist dieselbe geblieben; nur ist aus dem mit dem pilgernden Gottesvolke wandernden Zelte ein festes Heiligthum, eine „Wohnung" aus Stein" geworden. Wie die Stiftshütte besteht der Tempel aus der Wohnung oder dem Hause, dreimal so lang als breit, abgetheilt in Heiliges und Allerheiligstes, und aus dem Vorhofe. Dem letzteren, in welchem der Brandopfer-Altar steht, ist noch ein zweiter Vorhof nach Osten zu vorgelegt, und alles dies zusammen schließt ein geheiligter Bezirk, der sogenannte „Tempelberg", ein.

Das eigentliche Tempelhaus ist wie die Stiftshütte mit dem Eingang gegen Osten der aufgehenden Sonne entgegen gerichtet. Das Allerheiligste ist 20 Ellen lang, breit und hoch, ein Cubus von den doppelten Maßen des Allerheiligsten in der Stiftshütte. Nach Osten hin ist es durch eine zwei Ellen starke Scheidewand" vom Heiligen getrennt. Letzteres ist 20 Ellen breit

---

[1] Kirchenlexikon von W. u. W. bei dem Worte Chronologie. — [2] III Reg. 6, 38. — [3] Jos. Bell. J. V, 5. 1.
[4] Hauptsächlich III Reg. 6 und II Par. 3. — [5] Hauptsächlich Antt. VIII, 3; Bell. J. V, 5.
[6] Ezechiels Beschreibung des von ihm geschauten Tempels (c. 40—42; 46, 19—24) kann wenig verwertet werden, sowohl wegen der Dunkelheit und Unsicherheit des Textes, als weil er ein Ideal des Tempels gibt, allerdings mit Zugrundelegung des zu seiner Zeit zerstörten.
[7] Vgl. Sap. 9, 8. — [8] „Firmissimum solium in sempiternum." III Reg. 8, 13.
[9] III Reg. 6, 16 ist nur angegeben, dass eine Wand aus Brettern und Balken die beiden Räume schied.

und 40 lang; das Höhenmaß ist 30 Ellen. Hier liegt ein Abweichen von den Maßverhältnissen der Stiftshütte, welches wohl durch die Anforderungen bedingt sein dürfte, die ein Steintempel gegenüber einem Zelttempel stellt. Möglich ist es zwar, dass die heilige Schrift nur eine Höhe von 20 Ellen im Innern kennt.[1] Dann müssen wir ein Obergemach über dem ganzen Tempel[2] annehmen, wodurch wir wieder eine innere Höhe von 30 Ellen erreichen würden. Die Stärke der Mauer dieses Tempelhauses beträgt nach Ezechiel[3] sechs Ellen. Sie nimmt aber nach oben zu um drei Ellen ab, indem sie vom Boden an in drei Absätzen von je fünf oder sechs Ellen Höhe Stufen bildet von je einer Elle Breite, auf denen die Balken der unten zu erwähnenden dreistöckigen Anbauten ruhen. Eine Balkenlage von Cedern liegt als Dach direct auf der Mauer auf. Zwischen den Balken ist eine Eintäfelung aus Cedernholz.[4] Darüber können wir uns eine Schichte geschlagener Erde oder eine Marmor-Incrustation als Estrich denken, wie es heutzutage im Oriente üblich ist. Außen lief ringsum eine niedrige Brüstung[5] von etwa drei Ellen. Alles zusammen mag etwa acht Ellen hoch gewesen sein.

Die Innenwände dieses Heiligthums waren ganz mit Cedernholz getäfelt

Ezech. 41, 3 aber wird diese Wand auf zwei Ellen in der Stärke angegeben. Nach III Reg. 6, 21 hielten Riegel die Bretter zusammen, ähnlich wie bei der Stiftshütte. Nach andern (Thenius) wäre hier die Rede von Kettchen und Ringen, die eine Stange tragen, an der der Vorhang hängt.

[1] In III Reg. 6, 2 wird die (innere) Höhe auf 30 Ellen angegeben. In der Parallelstelle II Par. 3, 3 ist dagegen keine Höhe angegeben, woraus man folgert, dass das Maß derselben gleich dem kurz vorher angegebenen Maße der Breite, nämlich 20 Ellen, sei. Die Angabe in III Reg. 6, 2 könnte entstanden sein aus Verwechselung der Zahlzeichen ב = 20 und ל = 30. Es kommt dazu, dass, wenn wir dem Heiligen eine Höhe von 30 Ellen, dem Allerheiligsten aber nur 20 Ellen geben, letzteres, von außen gesehen, niedriger erscheinen würde, was nach III Reg. 6, 2 unmöglich ist, wo die Höhe des ganzen Hauses auf 30 Ellen angegeben ist, also in Bezug auf die Höhe kein Unterschied gemacht ist zwischen Heiligem und Allerheiligstem. Zur Lösung dieser Schwierigkeit nimmt man an, dass ein Obergemach über dem Allerheiligsten gewesen und dass die dünne, zwei Ellen starke Bretterwand zwischen Allerheiligstem und Heiligem auch diesen Oberraum nach Osten zu abgeschlossen habe. Von einem solchen Oberraum ist zwar nirgends in der heiligen Schrift die Rede, was zu der Annahme berechtigt, auch dem Allerheiligsten (III Reg. 6, 20) eine Höhe von 30 Ellen zu geben. Im spätern, Herodianischen Tempel ist auch das cubische Verhältnis des Allerheiligsten nicht mehr gewahrt. In demselben haben beide Räume, das Allerheiligste und das Heilige, eine Höhe von 40 Ellen auf einer Grundlage von 20 Ellen. (Siehe Bähr, Der Salomonische Tempel, und desselben Commentar zu den B. B. der Könige, ferner Riehm, Handwörterbuch, S. 1626 ff.)

[2] Josephus nimmt ein solches Obergemach über dem ganzen Tempel, nicht bloß über dem Allerheiligsten an, gibt aber auch dem Ganzen fälschlich eine Höhe von 60 Ellen. Er hat offenbar in seiner Beschreibung die Verhältnisse des spätern Herodianischen Tempels, der ein solches Obergemach besaß und den er vor Augen hatte, auf dem Salomonischen übertragen, wie er auch die Maße des Herodianischen (z. B. 60 Ellen Höhe) dem Salomonischen zuschreibt. Die in I Par. 28, 11 und II, 3, 9 angeführten Alijoth, d. i. Gemächer, sind ganz unzweifelhaft die Nebenkammern, wovon später unten die Rede sein wird.

[3] Ezech. 41, 5. — [4] Siehe Keil zu III Reg. 6, 9. — [5] Vgl. V Moys. 22, 8. Talmud, Tractat Middoth 4, 6.

und dieses mit Relief-Verzierungen geschmückt. Dieselben stellten Cherubim, Palmen und Blumengewinde von Coloquinthen dar.[1] Nach Art der ägyptischen, assyrischen und überhaupt altorientalischen Wandverzierungen waren bei diesen Reliefs wohl nur die Conturen vertieft. Die Coloquintenblumenreihen werden wir uns als Trennungsfriese von mehreren parallelen, horizontalen Feldern denken, auf welch letztern die Palmen mit den Cherubim abwechseln. Diese Cherubim waren geflügelte Löwen- und Stiergestalten mit Menschenantlitz.[2] Auch der Fußboden war mit Cypressenholz getäfelt. — Über alles dies kam endlich noch ein Überzug von Goldblech, so dass das ganze Innere in lauter Gold erstrahlte.

Die Verbindungsthüre zwischen dem Heiligen und Allerheiligsten war nach Ezechiel[3] sechs Ellen breit. Die doppelten Flügelthüren aus wildem Ölbaumholz trugen denselben Schmuck wie alle Wände. Sie standen immer offen. Den Einblick in das Allerheiligste hinderte ein kostbarer Vorhang, der in derselben Art und denselben Farben gewebt war wie der entsprechende Vorhang der Stiftshütte.

Im Innern des Allerheiligsten stand die Bundeslade,[4] und zwar nach jüdischer Überlieferung auf einem drei Zoll hoch aus dem Boden hervorragenden Stein.[5] Zu beiden Seiten derselben ließ Salomon, außer den zwei kleinen Cherubim auf der Bundeslade, noch zwei große Cherubim aufrichten. Ihre ausgebreiteten Flügel nahmen die ganze Breite des Heiligsten ein, indem jeder fünf Ellen Länge hatte. Die Höhe der Cherubim betrug zehn Ellen.[6] Sie standen aufrecht auf ihren Füßen und ihre Angesichter waren nach vorne, d. i. nach dem Heiligen zu gewendet. Näheres über ihre Gestalt anzugeben, bezeichnet schon Flavius Josephus als unmöglich.[7]

In dem Heiligen befand sich, unmittelbar vor dem Eingange ins Aller-

---

[1] III Reg. 6, 15, 29; II Par. 3, 5. 7. Siehe Riehm, Handw., und Bähr, Commentar.
[2] So nach Ezech. 41, 19 in Verbindung mit III Reg. 7, 29. (Vgl. 6, 29. Siehe oben Anm. 6 auf S. 8.) In III Reg. 7, 29 ist die Rede von dem Schmucke der zum Waschen der Opferstücke bestimmten Kästen.
[3] Ezech. 41, 3. Die Stelle in III Reg. 6, 31 ist unklar. Darnach scheint die Thüre nur vier Ellen (= ⅕ der ganzen Breite) oder aber zwölf Ellen (so dass auf beiden Seiten je ein Fünftel der Gesammtbreite übrigbleibt) zu haben.
[4] In derselben lagen nur die steinernen Gesetzestafeln des Moyses. III Reg. 8, 6—9.
[5] Gemara zu Joma V, 2. Es ist der heutige heilige Fels, den wir oben S. 19, Anm. 6 kennen lernten. Wir werden später noch auf ihn zurückkommen.
[6] II Par. 3, 10—13.
[7] Antt. VIII, 3, 3. In I Par. 28, 18 sind sie genannt: Quadriga Cherubim extendentium alas et velantium arcam foederis Domini. Vgl. dazu die quadriga Cherubim bei Ezech. 1, 4—28; 8, 2 f.; 11, 22 ff.; 43, 2 f.

heiligste der Rauchopfer-Altar, aus Cedernholz, mit Gold überzogen. Statt einem waren neun goldene Tische für die Schaubrote, sowie zehn goldene Leuchter da. Doch scheint es nach II Par. 29, 18 und 13, 11, dass immer nur je ein Tisch und je ein Leuchter benützt wurde. Im spätern, zweiten Tempel finden wir auch nur noch einen und zwar siebenarmigen Leuchter und einen Schaubrottisch.

Den Eingang ins Heilige von Osten her bildete eine Doppelflügelthür aus Cypressenholz, zehn Ellen breit.[1] Die zwei Thürflügel bestanden je aus zwei für sich drehbaren Blättern zu $2^{1}/_{2}$ Ellen, so dass die ganze Thür, wenn sie geöffnet war, auf jeder Seite nur $2^{1}/_{2}$ Ellen von der sechs Ellen starken Thürlaibung verdeckte.

Das bisher beschriebene eigentliche Tempelhaus ist an seinen beiden Langseiten und an der Westseite von einem dreistöckigen Anbau umgeben, der in viele kleine Kammern[2] zur Aufbewahrung von Vorräthen und Geräthschaften[3] eingetheilt ist. Das unterste Stockwerk hat im Innern eine Breite von fünf Ellen. Die Außenmauer beträgt ebenfalls fünf Ellen.[4] Die Zwischendecken aus Cedernbalken sind einerseits in die Außenmauer eingelegt, andererseits ruhen sie auf den an der Tempelmauer angebrachten, eine Elle breiten Absätzen oder Mauervorsprüngen auf, die wir oben kennen gelernt haben. Durch die Verjüngung der Tempelmauer werden die Kammern in jedem Stockwerke um je eine Elle breiter. Für die drei Stockwerke können wir eine Gesammthöhe von 22 Ellen rechnen, indem wir für die Zwischenböden je eine Elle, für das Dach fünf Ellen und für die Kammern je fünf Ellen rechnen. Das eigentliche Tempelhaus ragte also immerhin noch um circa 16 Ellen über diese Anbauten empor.[5]

An der Ostseite war endlich dem Tempelhause noch eine Vorhalle quer vorgelegt. Es ist dies ein Bestandtheil, der in der Stiftshütte nichts Ent-

---

[1] III Reg. 6, 33. Dieselbe Schwierigkeit wie oben bei der Thüre des Allerheiligsten. Darnach scheint die Thüre nur fünf Ellen breit zu sein. Obiges Maß ist nach Ezech. 41, 2.

[2] Es waren im ganzen 33 oder gar 3 × 30 Kammern. Jos. Antt. VIII., 3, 2; Ezech. 41, 6. Vgl. zu diesen Kammern die entsprechende Anlage in den ägyptischen Tempeln, z. B. in Edfu.

[3] Vgl. III Reg. 7, 51; 15, 15; IV Reg. 11, 10. - - [4] Ezech. 41, 9.

[5] Darnach war hinreichend Platz für Fenster des Heiligen. Wenn wir aber über letzterem einen Oberraum annehmen, müssen wir das Heilige selbst ohne Fenster lassen. Es erhält dasselbe alsdann nur Licht von dem siebenarmigen Leuchter, beziehungsweise von den zehn Leuchtern. In III Reg. 6, 4 ist von „schrägen" Fenstern, die mit starkem Gitterwerke verschlossen sind, die Rede. Darnach hätte jedenfalls nur gedämpftes Tageslicht einfallen können. Vergleiche solche schräge und vergitterte Fenster am Tempel des Khons in Ägypten. Siehe Abbildung in Vigouroux, III. Bd.

sprechendes hatte und haben konnte. Die Breite dieser Vorhalle vom Süden nach Norden war im Innern 20 Ellen, wie die des Heiligen, ihre Tiefe von Osten nach Westen betrug zehn oder eilf Ellen.[1] Das sind alle Angaben über diesen Bau, wenn man noch hinzufügt, dass, nach Ezechiel,[2] der Eingang in dieselbe von Osten her 14 Ellen breit war.

Über die Höhe der Vorhalle findet sich in II Par. 3, 4 die Angabe, dass sie 120 Ellen betragen. Jedoch ist allgemein zugestanden, dass diese Zahl nur auf einem Verderbnis des Textes beruhen kann, das allerdings schon in alter Zeit, wenigstens schon zur Zeit des Flavius Josephus, vorhanden war. Dieser Schriftsteller legt nämlich Herodes dem Großen in dessen Rede an das Volk[3] die Worte in den Mund, der alte Salomonische Tempel sei 120 Ellen hoch gewesen, während der damals bestehende nur 60 Ellen Höhe habe. Man hat auf verschiedene Weise die Entstehung dieser offenbar falschen Zahl 120 zu erklären gesucht. Einige wollen durch eine kleine Veränderung des Textes lesen: „die Höhe war 20 Ellen".[4] Andere, denen die Zahl 20 mit Recht zu gering erscheint, nehmen zwar auch diese Textveränderung an, glauben aber, dass zudem noch das Zahlzeichen für 20, כ, durch Corruption entstanden sei aus dem Zahlzeichen ל, welches 30 bedeutet. Sie geben somit der Vorhalle die gleiche Höhe mit dem Tempelhause. Wir glauben den einzig sichern Anhaltspunkt zu haben im spätern, zweiten Tempel, dem sogenannten Serubabelischen, der eine Höhe von 60 Ellen und ebenfalls eine Breite von 60 Ellen hatte.[5] **Dass diese Angabe zu verstehen sei von der Vorhalle und nicht vom eigentlichen Tempelhause, ist ohne Zweifel.** Letzteres war nicht einmal beim Herodianischen Tempel, der doch die größten Dimensionen hatte, 60 Ellen Breite. Aus den Maßen des Serubabelischen Tempels nun können wir uns vielleicht die Entstehung der unrichtigen Angabe, die jetzt in II Par. steht, erklären. Sie beruht, so scheint es, auf einer Zusammenzählung der gleichen Maße der beiden Dimensionen (60 + 60 = 120). Dass der

---

[1] Nach Ezech. 40, 49 etwas mehr als zehn Ellen, also eilf Ellen. Siehe Kühn, Ezechiels Gesicht vom Tempel der Vollendungszeit, Gotha 1882, S. 46. Die LXX liest hier sogar zwölf Ellen. Im spätern Herodianischen Tempel hat die Vorhalle eilf Ellen.

[2] Ezech. 40, 48. — [3] Antt. XV., 11, 3; 8, 32.

[4] Es heißt daselbst nämlich: Die Breite war 20 Ellen — אַמּוֹת עֶשְׂרִים, und die Höhe war 120 — מֵאָה וְעֶשְׂרִים. Man will nun auch an der zweiten Stelle lesen אַמּוֹת anstatt מֵאָה, also „20 Ellen" anstatt „120".

[5] E.r. 6, 3. Diese Höhe hatte der Tempel auch noch zur Zeit des Herodes, wie wir oben sahen. Sie wird auch von Eupolemos (Jude von Samaria um 150—100 v. Chr.) angegeben: θεμελιώσαι π τὸν ναὸν τοῦ θεοῦ, μῆκος πηχῶν ξ (60), πλάτος πηχῶν ξ (60). (Bei Euseb. praep. evang. l. IX, c. 34.)

Serubabelische Tempel größere oder kleinere Dimensionen gehabt habe als der Salomonische, wird nirgends berichtet. Im Gegentheil scheint aus allem, wie wir unten sehen werden, hervorzugehen, dass er nur ein Wiederaufbau des ersten Tempels ist.

Wir nehmen also die Höhe der Vorhalle zu 60 Ellen an und ebenso die äußere Breite zu 60 Ellen, so dass sie sich vor dem ganzen Tempel und seinen Nebenkammern hin erstreckte und zu beiden Seiten noch über letztere je um vier Ellen hinausragte. Da aber die Halle im Innern nur 20 Ellen breit war, wie wir oben sahen, so bleibt an jeder Seite nach Abzug der fünf Ellen dicken Mauern noch je eine Kammer von zehn oder eilf Ellen im Quadrat übrig.[1] Die Eingänge zu denselben können vom Innern der Vorhalle oder von außen gewesen sein.[2] Eine besondere Stütze für unsere Ansicht, dass wir der Vorhalle eine Breite von wenigstens 60 Ellen geben, haben wir auch an dem spätern Herodianischen Tempel, der ebenfalls eine über die Breite des Hauses und der Seitenkammern zu beiden Seiten hinausragende Vorhalle hatte, deren Fronte ebenfalls ein Quadrat bildete, wenn auch, den übrigen Verhältnissen entsprechend, von 100 Ellen Höhe und Breite. Diese Vorhalle aber wurde unter Herodes durchaus nicht als etwas der Idee oder Anlage nach neues bezeichnet.[3]

---

[1] Im spätern Herodianischen Tempel finden sich an den entsprechenden Stellen ebenfalls solche Kammern, und zwar für Hinterlegung der Schlachtmesser. Es berichtet der Talmud ausdrücklich, dass auch im frühern Tempel, also jedenfalls im Serubabelischen, solche waren. Siehe darüber später bei Beschreibung des Herodianischen Tempels. Vgl. Kolbe, Beschreibung von Jerusalem u. s. w., S. 48.

[2] Vgl. Ezech. 41, 11.

[3] Nehmen wir die Höhe des Heiligen zu 30 Ellen an, wie wir es oben gethan, die der Vorhalle zu 60 Ellen, so verstehen wir vielleicht, wie Josephus (respective Herodes — vgl. II Par. 3, 4) dazu kam, dem Salomonischen Tempel eine Vorhalle von 120 Ellen Höhe zu geben und die Höhe des Heiligen auf 60 Ellen anzusetzen. Wir sehen sofort, dass beidemale das Verhältnis der Höhenmaße des Heiligen und der Vorhalle zu einander gleich sind, nämlich 1 : 2. Nun aber wissen wir, dass der Serubabelische Tempel, nämlich die Vorhalle, 60 Ellen Höhe hatte. Josephus aber, der diese Höhe vom Heiligen versteht, nach der Tradition aber wusste, dass die Vorhalle die doppelte Höhe des Heiligen hatte, setzte die Vorhalle zu 120 Ellen Höhe an, gestützt auf II Par. 3, 4, während er hätte die Zahl 30, das Maß der Höhe des Heiligen, doppelt nehmen sollen. Daher kommt es, dass er nun alle Maße um das Doppelte zu hoch angibt. Den Seitenkammern gibt er sogar je 20 Ellen Höhe (ein Maß, das für alle drei Stockwerke hinreichend wäre), mithin eine Gesammthöhe von 60 Ellen auf einer Basis von nur fünf Ellen, ein Widersinn, ebenso wie eine Vorhalle von 120 Ellen bei einer Basis von 10 oder 20 Ellen. — Vielleicht aber auch umgekehrt, hat Josephus sich verleiten lassen durch die in II Par. 3, 4 angegebene falsche Zahl 120, und hat dann das Heilige, der Tradition entsprechend, welche verlangte, dass das Heilige die halbe Höhe der Vorhalle habe, auf die Hälfte der Höhe, nämlich auf 60 Ellen, angesetzt. Daher musste er ein Obergemach annehmen (wie in dem ihm gleichzeitigen Herodianischen Tempel), um nicht in Widerspruch mit der heiligen Schrift zu kommen, die nur 30 Ellen für die innere Höhe des Heiligen angibt. Halten wir dagegen an

Wir haben oben die Thüre der Vorhalle auf 14 Ellen in der Breite angesetzt. Ihre Höhe ist nirgends bestimmt. Sie war ohne Thorflügel und wohl auch ohne Vorhang.[1] Innerhalb dieses großen Thores oder vor demselben, also entweder die Oberschwelle tragend oder freistehend, befanden sich zwei eherne Säulen, „Jachin" und „Boaz" genannt (d. h. „mit Kraft" und „gegründet"), aus dem von David erbeuteten Erze verfertigt.[2] Ihre Höhe betrug, soviel man aus dem jetzigen Texte der heiligen Schrift entnehmen kann, 26 oder 27 Ellen,[3] von denen 18 auf den Schaft, drei oder vier auf das Capitäl und fünf auf einen Aufsatz über denselben kommen. Der Durchmesser war 3·82 Ellen. Sie waren hohl. Die Wandung war eine Palme, d. i. 75 mm stark. Die Capitäler hatten eine bauchige Form. Ihre nähere Beschreibung sowohl in III Reg. 7 als im letzten Capitel des Jeremias ist so dunkel, dass man keine Bestimmtheit über ihre Form und ihren Schmuck erlangen kann. Vor den fünf Ellen hohen Aufsätzen, die wir uns als Tragköpfe zu denken haben wie bei den Säulen zu Persepolis, scheint sich in der Breite der Thüröffnung ein metallenes Flechtwerk hingezogen zu haben, an dem in zwei Reihen je 100 Granatäpfel hiengen.[4]

Die Erzconstruction spricht zwar an und für sich gegen eine Verwendung der Säulen, als Träger einer steinernen Oberschwelle, mithin auch gegen ihre Stellung im Thore.[5] Lassen wir sie aber dennoch als Träger der Oberschwelle gelten — ihrer Form nach sind sie durchaus dazu geeignet — so können wir danach die Höhe des Thores auf 26 oder 27 Ellen bestimmen. Nehmen wir ferner eine Elle Abstand der Säulen von den Thorlaibungen,

der Angabe von III Reg. 6, 2 fest, dass das Heilige eine Höhe von 30 Ellen gehabt, so schließen wir, indem wir die richtige Tradition, die auch den Josephus leitete, berücksichtigen, auf eine doppelte Höhe der Vorhalle, nämlich eine Höhe von 60 Ellen.

[1] Siehe darüber unten bei Beschreibung der entsprechenden Thüre des Herodianischen Tempels.
[2] Die Frage ob die Säulen im Thore oder aber vor dem Thore frei standen, lässt sich aus dem Texte nicht lösen. Ezechiel hat, scheint es, Säulen im Thore vor Augen. Vgl. Ezech. 40, 49. Die Stellen III Reg. 7, 19, 21 sprechen für Säulen im Thore, während II Par. 3, 15 f. auf Säulen vor der Halle hinzudeuten scheint.
[3] II Par. 3, 15 gibt die Höhe fälschlich auf 35 Ellen an.
[4] Die persische Säule verwendet Robins (The buildings news, 1886, Jan.) mit vielem Glück in seinem interessanten Entwurf der Vorderansicht des Tempels. Er gibt der Vorhalle aber nur die Höhe und Breite des Heiligen. — Nach ägyptischer Art nehmen de Vogüé und Canina die Säulen an.
[5] Wenn es Jerem. 27, 19 heißt, dass Nabuchodonosor bei der ersten Wegführung der Juden nicht mitgenommen habe: die columnae et mare et bases et reliqua vasorum, so scheint es, dass er erstere ohne Zerstörung des Tempels nicht habe mitnehmen können, während er letztere zur Verwendung beim Gottesdienste belassen musste. Die Säulen scheinen also integrierende Bestandtheile des Baues gewesen zu sein. Bei der einige Jahre später erfolgten Zerstörung des Tempels nahm er auch das Erz dieser Säulen mit fort.

so bleiben uns bei einer Thorweite von 14 Ellen immer noch 4·36 Ellen für den freien Durchgang zwischen den Säulen. Wir sind aber fast genöthigt, die Säulen als Träger der Oberschwellen anzunehmen: denn ein wagerechter Steinbalken von 14 Ellen (7 m) als Oberschwelle, ohne Stütze, und dazu noch bestimmt, eine Mauer zu tragen, wäre kaum denkbar.[1] So lassen wir denn, wenn auch mit einigem Zögern, diese Annahme gelten.[2]

Oben haben wir der Vorhalle eine Höhe von 60 Ellen gegeben. Dies ist zu verstehen mit Einschluss einer Terrasse oder erhöhten Plattform von fünf Ellen,[3] die den ganzen Tempel trägt. Zehn Stufen, je eine halbe Elle hoch,[4] führten vom Vorhofe zur Tempelpforte hinauf.

* * *

Das ganze bisher beschriebene Tempelhaus, das sich stufenförmig erhebt (Kammern 20 Ellen, Heiliges 30 Ellen, Vorhalle 60 Ellen), hat in seiner Anlage offenbar etwas Ägyptisches.[5] Eine Vorhalle von nur 20 Ellen Höhe würde mehr dem persischen, vielleicht auch dem phönizischen Stile entsprechen.[6] Für die Analogie mit asiatischen Bauten spricht die Anwendung von Holz und Metallen.[7] Beachtenswert ist immerhin, dass phönizische Bauleute den Bau ausführten, den David, der Israelite, entworfen in Plan und Anlage nach dem Vorbilde der Stiftshütte des eben aus Ägypten kommenden Volkes.

[1] Das an der heutigen westlichen Haramsmauer aufgedeckte, wahrscheinlich aus der Zeit des Herodes stammende sogenannte Barklay-Thor, südlich vom Klageplatz der Juden, hat eine freiliegende Oberschwelle von 5 m mit darauf ruhender Mauer. Vgl. Rosen, Der Haramsplatz zu Jerusalem. Die Stelle in III Reg. 7, 6 (vgl. Ezech. 41, 25) scheint von einer massiven hölzernen Oberschwelle zu reden oder von einem Vordach, welch letzteres auf Säulen geruht haben könnte. Wahrscheinlich aber sind nur die Aufsätze auf den beiden Säulen gemeint, die nichts anderes sind als die Köpfe von Balken, die einerseits auf den Säulen, andererseits in der Tempelmauer aufliegen.

[2] So Vogüé, Haneberg, Vigouroux, Fergusson (dessen verschiedene Pläne zusammengestellt sind in The building news, 1886, 6 Jan.).

[3] Ezech. 40, 49. Nach der LXX. Siehe Kühn, a. a. O., S. 48. In 41, 8 gibt Ezechiel diesem Unterbau eine Höhe von sechs Ellen „bis zum Gelenk". Da er sonst immer mit einer Elle rechnet, die eine Handbreite mehr hat als die „Elle bis zum Gelenk" (welch letztere sechs Handbreiten hat), so sind diese sechs Ellen gleich fünf gewöhnlichen.

[4] Wenigstens im spätern Tempel waren alle Stufen je eine halbe Elle hoch.

[5] Vogüé, Saulcy, Kopp, Stieglitz, Canina.

[6] Braun, Geschichte der Baukunst. Vgl. den Entwurf von Robins in The building news, a. a. O.

[7] Vgl. das Überziehen des Holzes mit Metall in der Burg zu Ecbatana. In Persepolis ist alles Gebälk mit Goldblech umkleidet.

Darum sagt Stieglitz[1] wohl mit Recht: „Wie bei der Grundeinrichtung die ägyptische Bauart nicht zu verkennen ist, so wird die Bauart der Phönizier sichtbar bei dem Holzbau des Tempels."

* * *

Zu einem Überblick über das bisherige Resultat möge hier eine Tabelle der gewonnenen Höhen-, Breite- und Längsmaße des Tempelhauses folgen.

Höhenmaße.

Die dreistöckigen Kammern (Unterbau fünf Ellen, die drei Stockwerke 3 × 5 Ellen 15 Ellen, die Zwischenböden und das Dach zusammen sieben Ellen) . . . . 27 Ellen
Das Heilige mit dem Allerheiligsten (Unterbau fünf Ellen, innere Höhe 30 Ellen, Dach fünf Ellen, Gallerie drei Ellen) . . . 43 „
Die Vorhalle . . . . 60 „
(Mit der Dachsimskrönung aus vergoldeten Metallspitzen, nach Analogie des Herodianischen Tempels . . . 61 Ellen)

Breitemaße.

Die Vorhalle . . . . 60 Ellen
Das Tempelhaus mit seinen Kammern . . . . 52 „

Längsmaße.

Von Osten nach Westen berechnet sich das Tempelhaus auf . 100 Ellen
(nämlich:
Mauer der Vorhalle . . . . 5 Ellen
Inneres „   „   . . . . 11 „
Mauer des Heiligen . . . . 6 „
Inneres „   „   . . . . 40 „
Zwischenwand . . . . 2 „
Allerheiligstes . . . . 20 „
Mauer des Allerheiligsten . . . . 6 „
Kammern . . . . 5 „
Mauer der Kammern . . . . ._ . 5 „
100 Ellen).

[1] Geschichte der Baukunst, S. 137. Über das Verhältnis des Salomonischen Tempels zu den heidnischen (ägyptischen und phönizischen) siehe Bähr, Der Salomonische Tempel.

Die Vorhöfe.

Dieses eigentliche, bisher beschriebene Tempelhaus ist, analog der Stiftshütte, umgeben von einem Vorhof,[1] der ohne Zweifel ebenfalls im Rechtecke gebaut war. Über seine Größe ist uns kein directes Zeugnis erhalten. Wir schließen aber mit Sicherheit sowohl aus der Analogie der Stiftshütte einerseits als den Angaben des Talmud bezüglich der Größe dieses Vorhofes im Herodianischen Tempel andererseits, dass derselbe mit Einschluss der Mauern eine Länge von 200 Ellen bei einer Breite von 100 Ellen gehabt habe.[2] Wenn wir dabei den Umfassungsmauern eine Stärke von fünf Ellen, der westlichen aber, weil sie (wie wir sehen werden) an dieser Seite die einzige Umgrenzung des Vorhofes bildet und allein keine weitere Vormauer mehr hat, eine Stärke von sechs Ellen geben,[3] so erhalten wir als Maße des Vorhofes 189 und 90 Ellen. Von diesen 189 Ellen westöstlicher Länge kommen eilf Ellen westlich vom Tempelhaus,[4] so dass für den Vorhof im Osten des Tempelhauses 78 Ellen übrig bleiben bei 90 Ellen südnördlicher Breite.

Dieser Vorhof wird „der Priester-Vorhof" genannt,[5] weil zu ihm nur die Priester Zutritt hatten und etwa diejenigen, die ein Opfer darbrachten, sowie die 24 Repräsentanten der zwölf Stämme Israels, die täglich dem Opfer beizuwohnen verpflichtet waren.

Zwischen dem Tempel und der östlichen Umfassungsmauer des Vorhofes stand der Brandopfer-Altar, und zwar genau in der Mitte.[6] Er hatte eine Grundfläche von 20 Ellen im Quadrat, seine Höhe betrug 10 Ellen.[7] Nach Ezechiel[8] umgaben ihn in verschiedenen Höhen vier Umgänge von je einer Elle Breite. Der unterste Absatz war eine Elle hoch, der zweite fünf, der dritte wieder eine. Letzterer diente den Priestern, die von dort aus den Feuerherd regierten. Der vierte Umgang hatte gleiche Höhe mit dem Feuer-

---

[1] III Reg. 6, 36; II Par. 4, 9.
[2] So allgemein. Siehe Keil, Riehm, S. 1630. Im spätern Herodianischen Tempel ist dieser Vorhof ebenfalls noch 200 Ellen lang (mit Einschluss der Mauern); in der Breite ist er aber um ein Bedeutendes vergrößert worden.
[3] Auch im spätern Tempel hat diese Mauer sechs Ellen. Die drei übrigen Mauern sind, wie wir später sehen werden, noch von Anbauten und einer zweiten Mauer umgeben, nicht so diese westliche.
[4] Talmud, Middoth 5, 1, gibt dieses Maß für den spätern Tempel an. — [5] II Par. 4, 9.
[6] Dies geht aus der Stellung des Altares im spätern Tempel hervor. Siehe unten. — [7] II Par. 4, 1.
[8] Ezech. 43, 13—17. Siehe Smend, Der Prophet Ezechiel, S. 354 ff.

herd. An seinen vier Ecken standen die vier Hörner des Altares, eine Elle hoch. Zu dem zweiten Umgange führte von Süden her (so wenigstens im spätern Tempel) ein Aufgang. Die gesammte Grundfläche des Altares mit den ihn umgebenden Stufen bildete also ein Quadrat von 28 Ellen.[1]

Der Raum zwischen Altar und Tempel galt als der heiligste des ganzen Vorhofes.[2] Eben dort, etwas nach Süden zu, stand das „eherne Meer", ein

Ehernes Meer.

großer runder Wasserbehälter von fünf Ellen Höhe und zehn Ellen Durchmesser. Es fasste 2000 Bath Wasser, d. i. etwa 4000 Liter, und ruhte auf zwölf Stieren von Erz, die in Gruppen von drei und drei nach den vier Himmelsgegenden gerichtet waren. Es diente den Priestern zu den Waschungen bei ihrem Dienste.[3]

Von den übrigen Geräthen des Vorhofes sind besonders die auf Rädern beweglichen, ehernen Waschkessel[4] für die Opferstücke zu bemerken. Ihre Beschreibung wird durch beifolgende Zeichnung erläutert. Sie waren drei Ellen hoch und vier Ellen breit und lang.

[1] In Middoth 3, 1 ist erwähnt, dass der Altar zu Salomons Zeiten 28 Ellen lang und breit gewesen. Siehe auch Bartenoro zu dieser Stelle.
[2] Ezech. 8, 16; Joel 2, 17; Matth. 23, 35; Luc. 11, 51.
[3] III Reg. 7, 23—26; II Par. 4, 2—5; Jos. Antt. 8, 3. 5. Siehe Keil, Handbuch der biblischen Archäologie.
[4] II Par. 4, 6; III Reg. 7, 27—39; Jos. Antt. VIII, 3, 6. Siehe Stade, Geschichte des Volkes Israel, S. 336 ff. Die dort gegebene Zeichnung ist sehr schön, nimmt aber eine Höhe des Ganzen zu sechs Ellen an. Darnach könnte das Geräth für die Waschungen nicht mehr dienen.

Eherne Kessel von $1^1/_2$ Elle Höhe und vier Ellen Durchmesser ruhten in einem viereckigen Wagengestell mit Rädern von $1^1/_2$ Elle. Achsen und Räder sind ehern. Die Leisten und Rahmen des Gestelles sind ebenfalls mit Erz umkleidet, und zeigen reichen Reliefschmuck: Palmen und Cherubim, letztere als geflügelte Löwen und Stiere.[1] Außer diesem Vorhofe, dem Priesterhofe, wird noch ein **zweiter Vorhof** erwähnt,[2] der etwas niedriger lag.[3] Es ist dies der Vorhof, in dem sich

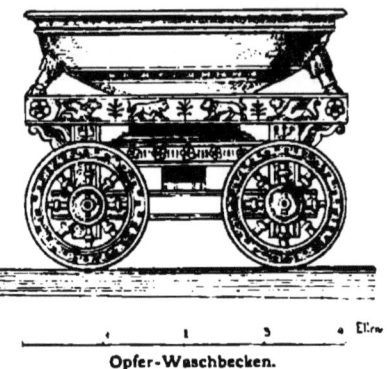

Opfer-Waschbecken.

das Volk versammelte, welches dem Opfer beiwohnte.[4] Hier betete es, zur Erde geworfen, an.[5] Hier ward ihm das Gesetz vorgelesen.[6] Es kann aber

[1] Wenn man den Geräthen, was der heilige Text vielleicht noch eher anzunehmen scheint, vier Ellen Höhe gibt, so muss man sie sich auf den dem Priestervorhof umgebenden Israelitenhof stehend denken, der um eine Elle niedriger lag als ersterer. Dann wäre es möglich, dass sie bei einer Höhe von vier Ellen noch ihrem Zwecke dienen könnten.

[2] II Par. 4, 9; 20, 5; 33, 5; IV Reg. 21, 5; 23, 12. Dieser Vorhof ist wohl zu unterscheiden von dem großen heiligen Bezirke, auch „Tempelberg" (Talmud) oder „Äußeres Heiligthum" (Josephus) genannt, welches als ein Quadrat von 500 Ellen den ganzen Tempel umschloss und gegen die profane Welt abgrenzte. Von diesem „äußern Heiligthum" werden wir später noch eigens reden. Uns scheint, dass auch Josephus Antt. VIII. 3, 9 von diesem Hofe (Frauenhofe) und dem „äußern Heiligthum" als von zwei verschiedenen Höfen redet. Zuerst hat er den Priesterhof beschrieben, dann kommt er zu einem ἱερὸν ἐν χλωρῷ περιφέρης, das Säulenhallen und hohe Thore nach den vier Weltgegenden hin hat mit vergoldeten Thürflügeln. Endlich beschreibt er τὸ πᾶσιν ἔξωθεν ἱερὸν des nähern. Auch L'Empereur zu Middoth 1, 4 versteht unter der basilica grandis (Vulg.) in II Par. 4, 9 und dem atrium novum in II Par. 20, 5 nicht den äußern, den ganzen Tempel umgebenden Hof, sondern den genannten östlich gelegenen, spätern „Frauenhof".

[3] Jer. 36, 10 heißt der Priesterhof der „obere". — [4] Vgl. Ps. 83, 3. 11; 95, 8; 99, 4; Is. 1, 12.

[5] II Par. 7, 3; Tamid 7, 3.

[6] Jer. 36, 10. Der Vorleser steht in dem Thore, das den obern mit dem untern Vorhof verbindet, die Zuhörer im untern Hofe.

dieser Vorhof nur allein östlich von dem Priesterhofe gelegen sein. Dies geht besonders aus dem Umstande hervor, dass im spätern Herodianischen Tempel ein solcher Vorhof an eben dieser Stelle war, der sogenannte Frauenhof. Es wird nun nirgends berichtet, dass dieser Vorhof etwa erst in späterer Zeit, als etwas neues, hergestellt worden sei; vielmehr erhellt aus Middoth 2, 5, dass er wenigstens schon vor dem Herodianischen Umbau bestanden.[1] Er umgibt also nicht den Priesterhof, an dessen nördlicher und südlicher Langseite sich vielmehr unmittelbar die Thorbauten und Kammern anschließen.

Ein Thor, das große oder hohe (hochgelegene), auch das neue genannt,[2] verbindet den untern mit den obern Vorhof. Mehrere Stufen, wahrscheinlich fünfzehn, und zwar halbkreisförmige,[3] führen vom erstern zum letztern hinauf.

Bei Öffnung des Thores konnte man den Brandopfer-Altar sehen und die heilige Handlung wahrnehmen.[4] Bei dem Thore hatte der König seinen Standort auf einer ehernen, drei Ellen hohen und fünf Ellen breiten Tribüne.[5]

Die Breite des östlichen Vorhofes — nennen wir ihn kurz, wie er in späterer Zeit heißt: Frauenhof[6] — wird wie die des Priesterhofes 90 Ellen betragen haben. Seine Länge von Osten nach Westen wird ebenfalls mit Sicherheit auf 90 Ellen angenommen. Denn der Talmud bewahrt[7] die Notiz, dass er quadratisch gewesen sei.[8]

*   *   *

Wir erhalten somit für die beiden Vorhöfe mit Einschluss der Mauern eine Gesammtlänge von 296 Ellen auf eine Breite von 100 Ellen. Das entspricht genau der Angabe des Hecateus von Abdera, eines Zeitgenossen

---

[1] Hier heißt es, dass die daselbst befindlichen Säulenhallen früher, d. h. vor dem Umbau durch Herodes, nicht dagewesen seien. Von dem Vorhofe selbst aber wird vorausgesetzt, dass er an derselben Stelle sich befunden.
[2] IV Reg. 15, 35; II Par. 27, 3; Jer. 36, 10.
[3] So war es im spätern Herodianischen Tempel. Da die Terrainverhältnisse dieselben geblieben waren — ja heutzutage noch fast dieselben sind — so betrug der Höhenunterschied beider Vorhöfe 7½ Ellen und die einzelnen Stufen waren je eine halbe Elle hoch.
[4] Antt. VIII. 4, 1. — [5] I Par. 9, 18. Vgl. II Par. 6, 13 und IV Reg. 11, 14.
[6] So genannt nicht etwa weil hier nur die Frauen weilten, sondern weil über ihn hinaus dieselben nicht vordringen durften.
[7] Middoth 2, 5. Es ist zwar hier die Rede von dem Herodianischen Tempel.
[8] Vgl. auch die Notiz aus Josephus „ἐν χύκλῳ περιφερής" in der Anm. 1 der vorigen Seite.

Alexanders des Großen, der den Tempel sah und berichtet, dass die Länge der Umfassungsmauer fünf Plethra, d. i. circa 300 Ellen,[1] die Breite aber 100 Ellen betragen habe.[2] An den beiden Langseiten dieser Vorhöfe, d. i. an der Nord- und Südseite,[3] lagen die Thore und zwischen denselben Kammern, die zu verschiedenen Zwecken dienten.[4] Weder die Anzahl noch die Maße der Kammern und Thore werden speciell genannt.[5] Nach den uns bekanntern Verhältnissen des spätern Tempels zu urtheilen, waren die Thore förmliche Thurmbauten. Dass die Thoreingänge immer zweifach waren, sagt uns Hecateus.[6] Das in der Mitte gelegene „obere" Thor hatte offenbar nur einen Eingang, wahrscheinlich ebenso das östliche Thor des Frauenhofes. Die Thürflügel waren aus Erz.[7] Die Thorthürme werden um ein weniges, etwa um vier Ellen, aus den Umfassungsmauern hervorgetreten sein.[8] Welche Tiefe aber die Kammern und die Thore gehabt haben, ist nicht angegeben. Jedoch können wir kaum irre gehen, wenn wir für die Thore etwa 20 Ellen im Innern annehmen.[9] Mit den beiderseitigen Mauern können wir dann etwa 33 Ellen rechnen. Die Kammern erhalten dann circa 29 Ellen mit den Mauern, im Innern aber etwa $17\frac{1}{2}$ Ellen.

Darnach beträgt die Breite der ganzen Anlage von Mauer zu Mauer

---

[1] Ein Plethron ist gleich ⅙ Stadium, also gleich 32 m oder circa 60 Ellen. Das Stadium ist zu 192 m gerechnet.

[2] Wir theilen hier die ganze interessante Stelle, die Josephus in seinem Liber contra Apionem, 1., n. 22, erhalten hat, in lateinischer Übersetzung mit: Illic autem in meditullio (κατὰ μέσον μάλιστα) urbis (Hierosolymae) septum est lapideum quinque fere jugerum longitudinis (μῆκος ὡς πεντάπλεθρος) latitudinis cubitorum centum, portas habens geminas (διπλᾶς πύλας). Ibidem altare quadratum ex impolitorum et candidorum lapidum coagmentatione conflatum; cujus latera singula viginti cubitorum sunt, altitudo vero duodecim. Et praeter hoc altare tabernaculum ingens (οἴκημα μέγα), quo et ara et lychnuchus continentur, utrumque aureum, pondus talentorum duorum, insuper autem lumen inexstinctum dies noctesque continentes ardit. Nullum ibi simulacrum, donarium omnino nullum, adeoque nec planta nec lucus, nec aliud quicquam ejusmodi. (Edit. Oberthür, Leipzig 1785, III. Bd., S. 1189.)

[3] So nach Analogie des Herodianischen Tempels.

[4] Im spätern Tempel werden wir die Verwendung einzelner dieser Kammern näher kennen lernen. Vgl. übrigens I Par. 9, 26; 23, 28; II Par. 31, 11 ff.; Esdr. 8, 29; Nehem. 10, 38 f.

[5] Aus Jerem. 38, 14 scheint hervorzugehen, dass auf jeder der Langseiten drei Thore waren.

[6] Josephus (Contra App., II, 9) sagt, dass die Thore 20 Ellen breit und sieben Ellen hoch gewesen seien. Erstere Zahl muss jedenfalls unrichtig sein. Ezechiels Thore (40, 6—38) haben nie bestanden. Sie sind den assyrischen Stadtthoren nachgebildet.

[7] II Par. 4, 9.

[8] Vgl. das jetzige sogenannte „goldene Thor", das Doppelthor an der Ostseite der Haram-Mauer. Siehe Kolbe, Archäologische Beschreibung Jerusalems, S. 36.

[9] Vgl. die Thore des Herodianischen Tempels. Joseph. Bell. Jud. V., 5, 3.

gerechnet 135 Ellen,[1] mit den Mauern aber 148 Ellen,[2] bei den Thorthürmen endlich 156 Ellen. — Die Länge aber beträgt 296 Ellen.

* * *

Schon früher sahen wir, dass der Priesterhof um circa 7½ Ellen höher lag als der Frauenhof. Letzterer aber wird, unter der Annahme, dass die Terrainverhältnisse im spätern Herodianischen Tempel dieselben geblieben sind, wie im Salomonischen, wiederum um $8\frac{1}{2}$ Ellen[3] höher gelegen sein, als das Terrain des äußern großen heiligen Bezirkes. Da alle Stufen im Tempel eine halbe Elle hoch und eine halbe Elle breit waren,[4] so führten 17 Stufen[5] zum Frauenhofe empor und 15 weitere von diesem zum Priesterhofe. Der Priesterhof lag mithin um 16 Ellen höher als das äußere Heiligthum. Im Priesterhofe selbst aber ist der für die Priester bestimmte engere Raum nochmals um eine Elle erhöht.[6] Somit hat die oberste Terrasse der Vorhöfe eine Höhe von 17 Ellen. Auf dieser erhob sich das Tempelhaus mit seiner Fronte von 60 Ellen im Quadrat. Zum Tempelthore führten, wie wir gesehen, nochmals zehn Stufen (ebenfalls zu einer halben Elle Höhe) empor. Sonach führen von Osten her im ganzen 44 Stufen zu dem Tempelthore hinauf und lag letzteres um 22 Ellen höher, als das äußere Heiligthum.[7]

Da die Tempelfronte mit der Dachsimskrönung (siehe S. 30) 61 Ellen hoch ist, die Terrasse, auf der sie steht, aber 17 Ellen, so ist die **Gesammthöhe des Tempels 78 Ellen.**

Oben sagten wir, dass man auf **17 Stufen** zum Frauenhof hinaufgieng. Unmittelbar führten von diesen zunächst zwölf Stufen auf einen 10 Ellen breiten Damm, der an der Nord-, Ost- und Südseite der Mauer vorgelegt

---

[1] Diese Breite von 135 Ellen zwischen den beiden äußern Mauern ist dieselbe mit der Breite des innern Vorhofes im spätern Herodianischen Tempel. Man erkennt daraus, um dieses hier schon voraus zu nehmen, die Art und Weise der spätern Erweiterung der Vorhöfe unter Herodes. Die innere Mauer, die den Vorhof von 100, respective 90 Ellen, umschloss, wurde sammt den nördlichen und südlichen Kammern und Thorbauten entfernt und der Vorhof um den gewonnenen Raum erweitert. Dadurch wurde er genau 135 Ellen breit, wie der Talmud (Middoth V, 1) angibt, und die bisherige äußere Umfassungsmauer wurde nun innere Umschließung des Vorhofes, während nach außen hin an sie wieder neue Thore und Kammern angebaut wurden.

[2] Die äußern Mauern haben dann eine Stärke von 6½ Ellen.

[3] Zwölf Stufen (sechs Ellen) führten nach dem Talmud (14 dagegen nach Josephus) auf den die Mauern umgebenden, unten zu erwähnenden Damm (Chel), und nach Josephus weitere fünf Stufen, d. i. 2½ Ellen, zu den Thoren.

[4] Middoth 2, 3. — [5] Siehe Anm. 1. — [6] So im Herodianischen Tempel. Middoth 2, 6. Siehe unten.

[7] So rechnet auch Maimonides (Commentar zu Middoth 2, 4).

war und „Chel" hieß.[1] Auf ihn mündeten die Thore aus, zu denen wiederum fünf Stufen emporführten. An der Westseite waren kein solches Chel und keine solchen Stufen.[2] Die gesammte Tempelanlage hatte sonach mit Einschluss des Chel und der Stufen eine Länge von 312 Ellen und eine Breite von 180 Ellen.

* * *

Wir haben im Vorhergehenden ein ziemlich vollständiges Bild des Tempels und seiner Vorhöfe entworfen. Die beigegebenen Zeichnungen mögen das Verständnis erleichtern.

Auf den großen, äußern Vorhof, das sogenannte „äußere Heiligthum", den den ganzen Tempel einschließenden heiligen Bezirk, werden wir später in einem eigenen Capitel zurückkommen.

Vorerst gehen wir an die Untersuchung der Maßverhältnisse, den eigentlichsten Zweck unserer ganzen Abhandlung, wie wir in der Einleitung dargethan, und stellen darum nochmals die Hauptmaße des Tempels in einer kleinen Übersicht zusammen.

Höhenmaße.

Die Gesammthöhe	78	Ellen
17 Stufen zum Frauenhof	8½	Ellen
15 „ von dort zum Priesterhofe	7½	„
2 „ zu dem den Priestern reservierten Theile	1	„
Vorhalle mit Unterbau	60	„
Dachgesimskrönung	1	„
	78	Ellen
Die Höhen der Umfassungsmauern und Thore dürfen wir annehmen auf circa	35	„
und	50	„
Die dreistöckigen Seitenkammern des Tempels	44	„
Das eigentliche Tempelhaus ohne Vorhalle	60	„

---

[1] Middoth 2, 3 und Joseph. Bell. J. V., 5, 2. (Siehe später beim Herodianischen Tempel.) In Sanhedrin 2, 2 wird berichtet, dass auf den zu dem Chel hinaufführenden Stufen die Lehrer saßen und ihre Schüler unterrichteten.

[2] Vgl. Bell. J. V., 1, 5.

Längen- und Breitemaße.

Das Tempelhaus hat eine	
Länge von	100 Ellen
Breite von	60 „
abgesehen von der Vorhalle	52 „
Der Altar ist ein	
Quadrat von	28 „
ohne die stufenförmigen Umgänge von	20 „
Seine Höhe beträgt	10 „
Der Priester-Vorhof hat eine	
Länge von Westen nach Osten von	189 „
Breite von Norden nach Süden von	90 „
mit Einschluss der Mauern	200 „
und	100 „
Der östliche Frauen-Vorhof hat eine	
Länge von	90 „
Breite von	90 „
Die beiden Vorhöfe zusammen mit ihren Kammern und Mauern haben eine	
Länge von	296 „
Breite von	148[1] „
mit den Thorthürmen von	156 Elllen
Mit Einschluss des Chel und der zu demselben führenden Stufen hat die ganze Tempelanlage eine	
Länge von	312 „
Breite von	180 „

[1] 148 : 296 = 1 : 2.

* * *

Von den Maßverhältnissen des Salomonischen Tempels.

> „Die Hand des Herrn führte mich in den Tempel; und siehe, da stand ein Mann, und der hatte ein Rohr in seiner Hand, und er nahm die Maße des Tempels."
> *Ezech 41, 1 ff.*

In der Einleitung haben wir bereits kurz darauf hingewiesen, dass ein Baudenkmal, will es ein Kunstwerk genannt werden, ganz und gar seinen innersten, urbildlichen Constructionsgesetzen nach auf den durch die Mathematik gegebenen Verhältnissen beruhen muss. In welch hohem Maße das classische Alterthum der Ägypter, Griechen und Römer und selbst noch das christliche Mittelalter diesen Grundsatz festhielt, ist hinlänglich bekannt. In der That, diese Gesetzmäßigkeit, diese Nichtwillkür, kurz die durch die Mathematik fest gegebenen Maße, die als Gestaltungsprincip den Plan des ganzen Baues beherrschen, sind „jenes Etwas, was uns wie der Athem eines höhern Lebens aus jedem alten Bauwerke anweht".[1] Sie sind es, die der Masse die Harmonie geben, die zur Kraft des Materials die Anmuth der Proportion fügen. Es sahen die alten Baumeister das Maß an als den geheimnisvollen Bewahrer der Schönheit. Sie pflegten nicht nach Handwerkertechnik lediglich dem praktischen Bedürfnisse die Maßverhältnisse ihres Werkes anzupassen. Auch begnügten sie sich nicht mit dem bloßen Gefühl, das dem einen dies, dem andern jenes sagt. Sie haben ihre Werke vielmehr auf mathematischer Grundlage aufgeführt; darum liegen sie auch so klar, in so scharfer Fassung vor uns da.[2]

Und eine jede wahre Kunst muss auf diesem Grunde ruhen. Denn sie bildet sich an der Natur, entlehnt jener ihre Gesetze. Ein anderes Lehrbuch hat sie nicht. Von der Natur aber heißt es, dass Gott, der höchste Künstler und Baumeister, sie „geordnet nach Zahl, Maß und Gewicht";[3] und wiederum: dass Gott „die Weisheit geschaffen habe im heiligen Geiste und nach ihr die gesammte Schöpfung in Zahl und Maß bestimmt habe".[4]

---
[1] Reichensperger in dem Vorwort zu dem 1845 neuedierten „Büchlein von der Fialen Gerechtigkeit".

[2] „Es ist durchaus anzunehmen", sagt ein neuerer Kunstschriftsteller (Alwin Schulz, Einführung in das Studium der neuern Kunstgeschichte, Prag, Leipzig 1886, I. Bd., S. 81\, „dass man im Alterthum durch geometrische Construction, nicht durch Festhalten bloßer Maßzahlen, die Dimensionen der Gebäude und ihrer Bautheile ermittelt hat."

[3] Sap. 11, 21. Omnia in mensura et numero et pondere disposuisti.

[4] Eclus. 1, 9. Ipse creavit illam (sc. sapientiam) in Spiritu Sancto et vidit et dinumeravit et

Dies ist aber jene Schöpfung, welche Gott selbst als „sehr gut" oder (nach den LXX) als „sehr schön" bezeichnet.[1] Dem entsprechend erklärt der Weise des Alten Bundes von sich, dass er darauf bedacht sei, „die Weisheit und die Zahlengesetze" oder „die Weisheit der Zahlengesetze" in der Natur kennen zu lernen.[2] In der That, wer das „Mene, Thekel, Phares" (gezählt, gemessen, gewogen), das der dreieinige Gott mit leuchtenden Buchstaben in wunderbarer, geheimnisvoller Schrift in die Schöpfung geschrieben, zu lesen weiß, steht den Werken Gottes ganz anders gegenüber und wird von ihrer Schönheit weit mehr ergriffen, als derjenige, welchem die Wunder ihrer Gesetzmäßigkeit verschlossen sind. So wird auch der Künstler, der Baumeister, der die Gesetze der Zahlen und Maße, diese Grundelemente der Schöpfung, versteht, dieselben in ganz anderer Weise seinen Werken zugrunde legen, als der, welcher lediglich nach dem innern Gefühle die Maße und Verhältnisse bestimmt.

Darum sind auch nur Werke, in denen jene, auf Gesetz beruhende Verhältnismäßigkeit — debita proportio [3] — herrscht, imstande, unser Schönheitsgefühl zu befriedigen. Denn der Genuß der Schönheit eines Gegenstandes ist Sache der Erkenntnis oder des vernünftigen Geistes, der das Werk als ein ihm gemäßes, verwandtes, d. h. rationales, zu erkennen bestrebt ist.[4] Dieses Bestreben kann aber nur mit Hilfe derjenigen Wissenschaft zum Ziele gelangen, welche sich eigens die Erforschung des Rationalen in Raum und Zeit zur Aufgabe gemacht hat, mit Hilfe der Mathematik.[5] Was Leibnitz[6] von der Musik sagt, dass sie eine verborgene, arithmetische Übung der Seele

---

mensus est. Et effudit illam super omnia opera sua. — „Es sind", sagt sehr schön Reichensperger, a. a. O., „die Verhältnisse der Formen und Zahlen immaterielle Wahrheiten, abstammend und abhängig von jener ewigen Wahrheit, in der sie bestehen, in Gott."

[1] Gen. 1, 31.

[2] Eccles. 7, 26. Lustravi universa animo meo ut quaererem sapientiam et numerum. So die Übersetzung des heil. Augustin (De musica, VI, 4), während die Vulg. rationem statt numerum hat. (Vgl. von Thimus, II. Bd., p. 242 u. 264.) Darum sagt eben derselbe heil. Augustinus so schön: „Jene höchste Kunst des allmächtigen Gottes, durch welche aus nichts alles geschaffen wurde, die auch seine Weisheit heißt, diese ist es, die in den Künstlern und durch sie wirkt, dass sie Schönes und Angenehmes schaffen." (De div. quaest. 83, qu. 78.)

[3] St. Thomas v. Aqu., I., qu. 5, art. 4 ad 1. Pulchrum in debita proportione consistit.

[4] Vgl. Jungmann, Ästhetik, S. 116 ff., 150 ff.

[5] „Die Ästhetik", so führt Zeising, Neue Lehre von den Proportionen, S. 122, diesen Gedanken weiter fort, „muss daher nothwendig eine mathematische Basis haben; ja sie fällt in gewissem Sinne mit der Mathematik zusammen. Der Unterschied beider Wissenschaften besteht nur darin, dass sich die Mathematik um weiter nichts kümmert, als eben um die Rationalität der räumlichen und zeitlichen Anschauungen, die Ästhetik dagegen zugleich und vorzugsweise die Wirkung dieser Rationalität auf die Empfindung zu erfassen und so gleichsam die Mathematik, die gefühlloseste aller menschlichen Thätigkeiten, mit dem Gefühle zu versöhnen sucht."

[6] Vgl. v. Thimus, I. Bd., S. 50.

sei, die gleichsam rechne ohne es zu wissen, das können wir von dem Genusse eines jeden Kunstwerkes sagen, besonders eines Bauwerkes: Die Seele, obgleich sie nicht fühlt, dass sie rechnet und misst, fühlt durch die Wirkung dieses unbewussten Messens das Wohlgefällige des Proportionierten oder des Maßes, und das Missfällige des Nichtproportionierten.

„Nimm aus den Künsten", sagt daher Plato [1] mit Recht, die Kunst des Zählens, Messens und Wägens, und es bleibt nur Wertloses übrig. Das Abmessen nach Gutdünken, nach Muthmaßen, nennen viele mit Unrecht Kunst, das Maß (μετρητης) ist so wenig irgendwie vom Schönen trennbar, dass jede Vielheit (συμπασα), die des Maßes entbehrt, nichts wert ist."

In jedem Werke bildender Kunst ist ein zweckliches und ein rythmisches Ordnen und Gruppieren zu unterscheiden. Das zweckmäßige Ordnen richtet sich nach dem Bedürfnisse, das rythmische Gruppieren verfährt nach Zahl und Maß. Der Zweck ist die Ursache des Daseins des Ganzen und seiner Theile, die Ordnung nach Zahl und Maß ist die Ursache der Schönheit. Nehme ich erstere weg, so bleiben leere Phrasen; nehme ich letztere weg, so bleibt von der Kunst nichts mehr.

„So sucht denn", sagt ein neuerer Autor,[2] „das Schönheitsgefühl seine Befriedigung in Zahl und Maß, insbesondere in der von den einfachsten, regelmäßigen geometrischen Grundformen beherrschten Gliederung." Diese Grundformen, das Quadrat, das gleichseitige Dreieck und der Kreis, sind die Elemente der Baukunst, sie sind „jene im eminenten Sinne vollkommenen Figuren, die Symbole des Gleichgewichtes, der Stabilität, der Regularität, die Elemente einer Menge von Combinationen, die für das Auge ebenso angenehm, als für den Geist entsprechend sind".[3]

Wie also der Toncomponist an die Gesetze der Tonintervalle, d. i. der musikalischen Größenverhältnisse, gebunden ist, so der Architekt an die arithmetischen oder geometrischen Größenintervalle, die untereinander in einem ähnlichen nothwendigen Verhältnisse stehen, wie die Tonintervalle, die der Musiker gebraucht. Ein solches harmonisch, d. i. nach einer Einheit in Mannigfaltigkeit, geschaffenes Werk, in dem alle Theile einem generierenden Gesetze entwachsen und gehorchen, muss schön sein. Es stimmt in sich. Es ist nichts in ihm, was missklingt, misstimmt. Es muss also auch mit der betrachtenden Seele übereinstimmen, gefallen, subjectiv schön sein.

[1] Philebos, IV. Bd., S. 299, 317, editio Bipontina, 1784.
[2] Riehm, Handwörterbuch, S. 154. — [3] de Vogué, a. a. O.

Hierdurch ist dem Gefühle des Künstlers ein fester, unverrückbarer, gesetzmäßiger Untergrund gegeben. Je edlere, im Charakter ausdrucksvollere Größenintervalle er alsdann nimmt, umso höher steht sein Werk, umso lebendiger, seelenvoller spricht es zum Menschen. Dass der „Hauch der schöpferischen, künstlerischen Freiheit" dabei zu kurz komme, ist nicht zu fürchten. Denn „der wahre Genius trägt die Gesetze seiner Kunst lebendig in sich. Sie sind ihm nicht etwas äußerlich Angelerntes, das seine Freiheit hemmt, sondern ein aus der Tiefe seines Wesens unmittelbar Hervorquellendes: in ihm offenbart sich ein Theil des Schöpfungsgeistes der Natur, deren Maße und Verhältnisse denselben Gesetzen unterliegen".[1]

*　*　*

Unsere Frage ist nun die, ob wohl der Tempel Salomons diese Kriterien eines „Kunstwerkes" an sich trage. Wir meinen, ja, und in vorzüglicher Weise.

Es stehen alle einzelnen Theile des ganzen Baues untereinander in schönstem, einheitlichen Verhältnisse, so dass alle von einer Einheit ihre Maße empfangen. Diese Einheit ist das Maß des Altars, das Quadrat seiner Grundfläche von 20, beziehungsweise von 28 Ellen. Eine einfache geometrische Formel aber hält das Ganze gleichsam gebunden, ist das generierende, schöpferische Princip, das die einzelnen Theile in ihren Maßen bestimmt. Diese Formel ist das in und um den Kreis geschriebene, doppelte, gleichseitige Dreieck oder der sechseckige Stern, auch Hexagramm genannt.

Zum leichtern Verständnis unserer folgenden Ausführungen mögen die beigegebenen Tafeln I bis IV dienen.

Auf Tafel I haben wir den Grundriss der Stiftshütte und des innern Vorhofes des Salomonischen Tempels zur Vergleichung nebeneinander gestellt.[2] Der Salomonische Vorhof besteht wie der der Stiftshütte aus einem Rechtecke von zwei Quadraten, nur dass er die doppelten Maße hat, nämlich 200 Ellen Länge bei 100 Ellen Breite. Nach Abzug der Umfassungsmauern von fünf Ellen in der Stärke, behält derselbe noch eine Länge von 190 Ellen

---

[1] Riegel, Grundriss der bildenden Künste, Hannover 1875, S. 116.
[2] Der leichtern Übersicht wegen haben wir bei dem Grundriss der Stiftshütte den doppelten Maßstab angewendet gegenüber dem des Tempels.

und eine Breite von 90 Ellen. In der westlichern Hälfte steht, wie bei der Stiftshütte, das Heilige und das Allerheiligste. Nur sind beide um fünf Ellen, d. h. um die Stärke der Mauer,[1] weiter nach Westen gerückt, als bei der Stiftshütte. Die Vorhalle, die eine Tiefe von 22 Ellen hat, reicht nach Abzug der fünf Ellen, welche die Trennungsmauer zwischen der Vorhalle und dem Heiligen einnimmt, noch 17 Ellen weit in die östliche Hälfte des Vorhofes hinein. Somit erhält der östliche Theil des Vorhofes zwischen Vorhalle und Ostmauer bei einer Breite von 90 Ellen eine Länge von 78 Ellen. In der Mitte desselben steht der Brandopfer-Altar. Er bildet in seiner Grundfläche ein Quadrat von 28 Ellen, ohne die ihn umgebenden Stufen aber ein Quadrat von 20 Ellen. Letzteres steht zum ersteren im Verhältnis eines in den Kreis geschriebenen Quadrates zu dem um denselben geschriebenen. Das Quadrat von 28 Ellen bildet für uns den Ausgangspunkt unserer Deduction. Es ist das geometrische Einheitsmaß, nach dem sich alle andern Maße des gesammten Grundrisses bestimmen.

Beschreibe ich nämlich um dieses Quadrat von 28 Ellen einen Kreis und lege um denselben die beiden gleichseitigen Dreiecke $\alpha\beta\gamma$ und $\delta\iota\zeta$, so bezeichnet der Durchmesser $\beta\iota$ des um dieses Doppeldreieck gelegten Kreises die westöstliche Länge des Vorhofes, nämlich 78 Ellen. Bei Verlängerung der Schenkel dieser beiden Dreiecke über α und γ und δ und ζ hinaus bis sie die in β und ι an den Kreis angelegten Tangenten schneiden in $\lambda, \mu, \nu,$ und ϑ, erhalte ich die beiden gleichseitigen Dreiecke $\lambda\mu\iota$ und $\nu\vartheta\vartheta$ mit der gleichen Höhe $\beta\iota$, der Länge des Vorhofes, und den Grundlinien $\lambda\mu$ und $\nu\vartheta$, welche die Breite des Vorhofes angeben.

Der Altar steht also im schönsten Verhältnis zu diesem Vorhofe und bestimmt seine Maße.

* * *

Er gibt aber auch dem Tempelhause seine Maße. Errichte ich nämlich auf $\lambda\mu$ ein gleichseitiges Dreieck mit der Höhe $\beta\alpha$, so ist das Dreieck $\lambda\kappa\mu$ congruent und gleich dem Dreiecke $\lambda\iota\eta$. Ein in dieses Dreieck $\lambda\kappa\mu$ eingeschriebener Kreis Q bezeichnet in seinem Durchmesser von 52 Ellen die Breite des

---

[1] Die Mauer des Heiligen ist eigentlich unten sechs Ellen, oben drei Ellen stark. Die normale Stärke derselben beträgt aber nur, wie die aller andern Mauern, fünf Ellen. Warum sie auf der nördlichen, westlichen und südlichen Seite unten um eine Elle stärker ist, ist oben angegeben. Auf der Ostseite ist sie um eine Elle verstärkt wegen der hochragenden Vorhalle.

Tempelhauses mit Einschluss der Seitenkammern. In diesen Kreis nun lege ich das gleichseitige Dreieck α'β'γ' und verlängere die beiden Schenkel α'β und γ'β über α' und γ' hinaus, bis sie die Linie λμ schneiden in δ' und ε', so gibt δ'ε' die Fronte des Tempels von 60 Ellen. Ferner ist die Seite γ'ϑ' des um den Kreis gelegten Sechseckes gleich der Breite des Heiligen mit seinen Mauern, d. i. gleich 32 Ellen, während die Diagonale χψ des Sechseckes gleich 60 Ellen, d. i. gleich der Breite der Fronte des Tempels ist. Die Längenmaße des Tempelhauses werden wir später unten bestimmen.

o o o

Tafel II gibt die gesammte Anlage der Vorhöfe.

Lege ich um den vorhin gewonnenen Kreis mit dem Durchmesser βι wiederum zwei gleichseitige Dreiecke *acb* und *def*, so erhalte ich in *ab* und *df* die Breite des von den äußern Umfassungsmauern der Kammern eingeschlossenen Raumes, nämlich 135 Ellen.

Die beiden letztgenannten Dreiecke liegen wiederum in einem Kreise, welcher zum Durchmesser *IK* oder 156 Ellen hat, das ist die Breite des Vorhofes mit den beiderseitigen Thorthürmen.

Wiederhole ich dasselbe Verfahren zum drittenmale und lege um den Kreis *IK* die beiden gleichseitigen Dreiecke *VRW* und *TSU*, so geben die Durchschnittspunkte der Schenkel der beiden Dreiecke in *Q* und *P* die Breite der Gesammtanlage mitsammt dem Chel und den zu demselben führenden Stufen, oder mit andern Worten *QP* ist gleich 180 Ellen. Die Verbindungslinie zwischen den Höhen *R* und *S* dieser Dreiecke gibt die Länge, 312 Ellen, der Gesammtanlage.

Ich kann nun um diese letzten beiden Dreiecke nochmals einen Kreis legen mit dem Durchmesser *RS* (gleich der Länge der Gesammtanlage) und um diesen ein Sechseck, dessen Seiten parallel sind den Seiten der beiden Dreiecke. Es ist das Sechseck *ABEZYD*, welches in *Y, Z, A* und *B* die vier Ecken des Rechteckes angibt, das die Gesammtanlage des Tempels einschließt.[1]

Es bleiben mir noch die Längenmaße des Tempelhauses zu bestim-

---

[1] Ich kann noch weiter gehen und die Schenkel *ac* und *bc* über *c* hinaus verlängern bis sie die Linie *VZ* schneiden, so geben mir die Durchschnittspunkte *g* und *h* wieder die Breite des innern Vorhofes. Dieselbe Breite erhalte ich in *m* und *n*, wenn ich die Schenkel *de* und *fe* über *e* hinaus entsprechend verlängere, während eine Verlängerung der Schenkel ξι und ζι über ι hinaus und eine Verlängerung der Schenkel αβ und γβ über β hinaus einerseits in χψ, andererseits in ξζ die Breite des von den äußern Umfassungsmauern eingeschlossenen Raumes der Vorhöfe sammt den Kammern gibt.

men. Das gleichseitige Dreieck dRf hat zur Grundlinie df. Durch sie wird das Tempelhaus im Osten begrenzt, während die beiden Schenkel dR und fR in den Punkten p und q die Länge des eigentlichen Tempelhauses ohne die Kammern bestimmen, dessen Breite oben schon bestimmt wurde. Die Tiefe der Vorhalle (22 Ellen) endlich wird durch die Seiten de und fc des Sechseckes $defbca$ bestimmt.

Sonach haben wir für den Grundriss ein ebenso einfaches als schönes geometrisches Netzwerk erhalten, durch welches alle Theile und Entwickelungen des ganzen Baues ihre Maße und Verhältnisse zugewiesen bekommen und zwar mit einer Genauigkeit und Bestimmtheit, dass die durch die Quellen gegebenen Maße mit denen, welche unsere Construction ergeben, auch nicht um eine halbe Elle differieren.[1]

Der Grundriss ist das Bauwerk, auf seinen kürzesten Ausdruck zurückgeführt. Es folgt daraus mit innerer Nothwendigkeit, dass auch der Aufriss denselben constructiven Gesetzen unterworfen sein muss, wie wir sie am Grundrisse nachgewiesen haben.

Tafel III zeigt den Querschnitt[2] auf der Linie QP von Tafel II. Das gleichseitige Dreieck EGF hat zur Grundlinie EF, das ist die Gesammtbreite der Tempelanlage von 180 Ellen. Der Mittelpunkt des Dreieckes liegt in O, welcher Punkt die innere Höhe des Heiligen angibt, in der Vorderfronte des Tempels aber gerade in der Oberschwelle des Thores liegt (vgl. Tafel V). Der in dieses Dreieck eingeschriebene Kreis mit dem Halbmesser OD umschließt wiederum das Dreieck HDI. Die Höhe CD dieses letztern Dreieckes aber ist die Gesammthöhe des ganzen Tempels, nämlich 78 Ellen, so dass die Linie HI die obere Linie der Tempelfronte angibt. In obigem Dreiecke HDI liegt der Kreis mit dem Halbmesser OC. Der Durchmesser dieses Kreises ist gleich der Breite des westlichen Theiles des Tempelhauses, während ein um diesen Kreis gelegtes Sechseck in K und L die Breite der Tempelfronte bezeichnet. In ebendemselben Kreise liegt das

---

[1] Eine kleine Differenz ist allerdings da. Dieselbe beträgt aber nur einen verschwindend kleinen Bruch. Wenn ich die Linie r,b zu 90 Ellen annehme, so hat $i\beta$ genau nur 77·94 anstatt 78 Ellen, ferner hat die Gesammtlänge RS nur 311·76 anstatt 312, die Breite QP nur 179·889 anstatt 180, die Linie sk nur 134·992 anstatt 135, ferner βK nur 116·91 anstatt 117, die Breite der Vorhalle des Tempels nur 59·996 anstatt 60, die des westlichen Theiles des Tempelhauses nur 51·96 anstatt 52 u. s. w. Diese kleinen Differenzen kommen übrigens gar nicht in Betracht. Sie müssen sich nothwendig ergeben, da das Verhältnis der Grundlinie eines Dreieckes zur Höhe desselben ein irrationales ist, das sich durch Zahlen nicht genau ausdrücken läßt.

[2] Der Maßstab ist hier verdoppelt gegenüber Tafel I und II.

gleichseitige Dreieck RCS. Wenn ich dessen Schenkel über R und S hinaus verlängere, bis sie die Linie EF in den Punkten A und B schneiden, so ist ACB ein gleichseitiges Dreieck, dessen Höhe CD die Höhe des Tempels (78 Ellen), dessen Grundlinie AB die Breite des Vorhofes (90 Ellen) bezeichnen. Die übrigen auf der Zeichnung noch angegebenen Kreise verhalten sich zueinander und folgen aufeinander als in und um ein Sechseck geschriebene Kreise. Durch dieselben werden noch mehrere Dimensionen bestimmt, die der Leser auch ohne nähere Anweisung leicht selbst erkennen wird. Andere, die leicht zu ergänzen sind, haben wir der klaren Übersicht wegen weggelassen. Durch dieselben können sogar die Höhen der einzelnen Terrassen bestimmt werden, so dass auch nicht ein einziger Punkt oder eine einzige Dimension des Aufrisses unbestimmt bleibt.

* * *

Wenn der Leser bisher unserer Deduction mit einiger Aufmerksamkeit gefolgt ist, wird er mit uns gewiss die höchste Bewunderung für einen Baumeister empfinden, der es also verstanden hat, Zahl und Maß seiner Schöpfung zu geben, der sich mit den einfachsten Grundformen der Geometrie ein System zu verschaffen gewusst, welches ihm einerseits die volle Freiheit ließ, seinen complicierten Bau den mannigfachsten Zwecken und Bedürfnissen anzupassen, andererseits dem ganzen Werke mit einer gewissen Nothwendigkeit den Rhythmus und die Harmonie der Schönheit aufprägte.

Es ist in der That die einfache geometrische Formel des doppelten gleichseitigen Dreieckes oder des sechseckigen Sternes,[1] die das Ganze gleichsam gebunden hält, deren geometrische Größen aber nicht so offen zutage liegen, dass sie sofort in die Sinne fallen. Aber gerade diese mehr unwahrnehmbaren, nicht so auf der Oberfläche liegenden Elemente des Kunstwerkes sind es, die demselben das Gepräge der Erhabenheit, der Vollkommenheit aufdrücken und jene undefinierbare Befriedigung in der Seele hervorrufen, die mit dem Anblick eines jeden wahren Kunstwerkes verbunden ist.

* * *

Bei der Bedeutung, die der sechseckige Stern für den Bau des Tempels hat, glauben wir, hier eine kleine Untersuchung über den Sinn und die

---

[1] Zeising bezeichnet ihn als ein wesentliches Element einer allgemeinen formalen Ästhetik (Ästhetische Studien im Gebiete der geometrischen Formen, Stuttgart 1869.)

Symbolik dieser geometrischen Figur anstellen zu sollen. Sie bietet viel des Interessanten, wenn wir auch auf die immerhin merkwürdigen Beziehungen kein besonderes Gewicht legen wollen. Bemerkenswert ist, dass dieser Stern nach unserer Construction gerade über der Tempelpforte steht (siehe Tafel IV und V und oben S. 45; vgl. Tafel VIII), beziehungsweise seinen Mittelpunkt daselbst hat, während er andererseits wiederum das Herz des ganzen Tempels, den Altar, in sich schließt (siehe Tafel II; vgl. Tafel VII). Dass in der That auch ein Stern in der Oberschwelle der Tempelpforte eingemeißelt gewesen, ist, wenn wir nicht irren, eine alte jüdische Überlieferung. Jedenfalls zeigt die Münze des Pseudomessias Simon Bar Cochba (132 n. Chr.) die Tempelpforte (des Herodianischen Tempels) und über ihr einen Stern. (Siehe Saulcy, Recherches, Tafel 11—14). Heutzutage finden wir dieses merkwürdige Zeichen fast über allen Synagogen der Juden.[1] Sie wenden es als Ornament auf den Wänden, Lampen und Geräthen an, stellen es über die Zimmerthüre und benützen es als Amulet oder Talisman, gleich dem nordischen Drudenfuß oder Pentalpha, dem fünfeckigen Sterne.[2] Auch bei den Arabern genießt dieses Zeichen religiöse und abergläubische Verehrung.[3]

Der Name für dies geheimnisvolle Zeichen ist „Schild Davids". Zuweilen kommt auch die Bezeichnung „Schild Salomons"[4] oder „Siegel Salomons" vor.[5] Man nennt es auch das „Salomonische Sechseck" oder den „Salomonischen Stern".[6]

Die Bedeutung dieses „Schild Davids" ist noch ziemlich dunkel. Doch ist es offenbar ein Symbol für ein Geheimnis. Die sehr prononcierte

---

[1] In der jüdischen Literatur lässt sich die erste handschriftliche Erwähnung desselben erst bei dem Karaiten Jehuda Hadossi (1148 n. Chr.) nachweisen. In der Legende aber reicht dasselbe bis zu Salomon und David hinauf. Jedenfalls haben wir es hier mit einem Überbleibsel aus ehrwürdigem Alterthume zu thun. Die gegentheilige Meinung, dass das jüdische Sechseck aus dem deutschen Mittelalter seinen Ursprung herleite (Siehe Löw, Beiträge zur jüdischen Alterthumskunde, Leipzig 1871), ist nach Steinschneider (dessen gütiger Mittheilung wir diese Notiz verdanken) unhaltbar. Vgl. auch Günther, Ziele und Resultate der neuern mathematisch-historischen Forschungen, Erlangen 1876, S. 118.

[2] Der Drudenfuß kommt nach Grimm (Deutsches Wörterbuch, Leipzig 1860, II. Bd., S. 1455) auch als sechseckiger Stern vor.

[3] Hammer-Purgstall, Literaturgeschichte der Araber, Wien 1854, S. 1075. Für den Gebrauch des Zeichens bei den Arabern diene auch als Beispiel das im städtischen Waffenmuseum zu Wien aufbewahrte Gewand Kara Mustaphas, das unser Sechseck auf der Brust eingewebt trägt.

[4] Vgl. Wiener Jahrbücher für Literatur, CXIII. Bd., S. 15.

[5] Hammer-Purgstall, a. a. O. Reifmann in der hebräischen Zeitschrift „Ha-Schachar", herausgegeben von P. Smolenski, Wien, II. Jahrgang (1873), S. 435.

[6] Kraus, Real-Encyklopädie der christlichen Alterthümer, II., S. 605 fl.

Stellung, die dasselbe im jüdischen Culte einnimmt, lässt vermuthen, dass es eine geheimnisvolle Bezeichnung des Namens Gottes sei. Darauf deutet auch der Gebrauch des Wortes „Schild David" in der jüdischen Liturgie. In der Schluss-Benediction nach der Haftorah der jüdischen Sabbathmorgen-Liturgie nämlich heißt es: „Gepriesen seist du, Jehova, du Schild Davids."[1] Hier wird also offen ausgesprochen, dass „Schild Davids" eine Bezeichnung Gottes ist. Ja wir möchten sogar die Behauptung wagen, dass unter demselben das dem ältern, nachchristlichen Judenthum nicht ganz fremde[2] Trinitäts-Geheimnis ausgesprochen sei. Unter dieser Annahme dürften dann vielleicht in den sechs Ecken und den sechs Durchschnittspunkten der Schenkel der beiden Dreiecke symbolisch die zwölf Buchstaben des Namens Gottes angedeutet sein, der gemäß Drach[3] vom großen Rabbi Jehuda Hanasi (Fürst), oder Rabenu hakodesch (unser heiliger Lehrer)[4] geschrieben wird: אב בן ורוח הקדש d. h. Vater, Sohn und heiliger Geist.[5] Die beiden Dreiecke aber, die ineinandergreifen und zusammen nur eine Figur bilden innerhalb des Kreises, der die absolut vollkommene, stets sich gleich bleibende Einheit Gottes ausdrückt, würde dann das bezeichnen, was nach jüdischer (oder kabbalistischer?) Überlieferung der Schlusstheil des größern Gottesnamen lehrt: „Drei in Einem und Einer in drei."[6]

Wenn also der Schild Davids wirklich den Gottesnamen sinnbildet, dürfte auch erhellen, warum derselbe das officielle Siegel der Rabbinen bildet, die die Urkunden damit im Namen Gottes bestätigen.[7]

[1] Siehe M. C. Stern, Die sämmtlichen Festgebete der Israeliten, Wien 1844, V. Bd., S. 78.
[2] Siehe Rohling, Das Spruchbuch Salomons, S. 80 u. ff.
[3] Drach, Seconde lettre d'un Rabbin converti aux Israélites ses frères selon sa chair. Rome 1827. p. 272 f.
[4] Er lebte in der zweiten Hälfte des zweiten Jahrhunderts nach Christi.
[5] Man wollte das Werk des Jehuda Hakadosch einem Christen des eilften oder zwölften Jahrhunderts zuschreiben, eine Annahme, die Drach entschieden zurückweist.
[6] Drach, a. a. O. Der größere Name lautet: אב אלהים בן אלהים רוח הקדש אלהים: שלשה באחד אחד בשלשה. Das heißt: Der Vater ist Gott, der Sohn ist Gott, der heilige Geist ist Gott; drei in Einem, einer in Dreien. Dies ist, wie Jehuda beifügt, der Name mit 42 Buchstaben (weshalb die Zahl 42 den Juden heilig ist). Der Talmud (Kidduschim 71 a) behauptet, dass man im Tempel zu Jerusalem den Namen mit den 42 Buchstaben aussprach.
[7] Was den Ursprung des Namens „Schild Davids" betrifft, über den sich die Juden keine Rechenschaft geben, so könnten wir vielleicht an I Sam. 17, 45 denken. David spricht daselbst zu Goliath: „Du kommst zu mir mit Schwert, Speer und Schild. Ich aber komme im Namen des Herrn." Die Berufung auf Ps. 18, 36, „Du gabst mir den Schild deines Heils", scheint uns weniger zutreffend. Steinschneider vermuthet, dass das Zeichen von Salomon auf David übertragen wurde, weil man den Schild für den Krieger passender hielt, während das ursprünglich magische Zeichen dem Weisen angemessener beigegeben wurde. Oben sahen wir schon, dass auch der Name Siegel (und Ring) Salomons vorkommt. Die Legende berichtet,

Beachtenswert ist ferner die Thatsache, dass unter dem Sterne auch in der alttestamentlichen Symbolik und Prophetie der sich offenbarende dreieinige Gott gesehen wurde. Einigen Gelehrten zufolge ist der Stern überhaupt das älteste Symbol der Gottheit.[1] Im Sterne Bileams, im Sterne der drei Weisen kündigt sich der Erlöser-Gott der Heidenwelt an. In der Offenbarung Johannis (22, 16) nennt sich Christus selbst ausdrücklick den leuchtenden Morgenstern. Auch der Pseudomessias Simon gibt sich als Sohn Gottes aus und nennt sich deshalb „Sohn des Sternes", Bar Cochba.

Es wäre nun nicht unbegreiflich, wenn sich die symbolische Ausdrucksweise des Judenthums auf die junge Christengemeinde fortgepflanzt und Einfluss auf dieselbe ausgeübt hätte. Man könnte versucht sein, darin den Erklärungsgrund für die Entstehung vieler symbolischer Zeichen der alten Christengemeinde zu suchen.[2] Es legt sich dann die Frage nahe, ob nicht auch das alte Monogramm Christi[3] im Zusammenhange stehe mit dem alten „Salomonischen Stern", ob nicht vielleicht an Stelle des alten „Siegels des großen Königs", wie die Araber auch unser Zeichen nennen,[4] dieses Siegel Christi getreten sei. Im Grunde ist es dasselbe Zeichen, besonders wenn wir es, wie es in alten Monumenten vielfach vorkommt, als einfachen sechsstrahligen Stern[5] zeichnen mit oder ohne Kreis. Man könnte fast sagen, das Monogramm Christe liege verborgen in dem „Schild Davids", insofern ersteres aus den Diagonalen des letztern gebildet ist.

Das alte Monogramm Christi.

Einfacher sechsstrahliger Stern.

Trotz dieser merkwürdigen Beziehungen möchten wir nicht ein entscheidendes Wort abgeben, sondern stellen es berufenerem Urtheile anheim, ob etwa in dem „Schild Davids" oder dem „Salomonischen Sechseck" das Symbol des geheimnisvollen Namens Gottes enthalten sei. Dann könnte man, wenn auch in einem andern Sinne, als der ist, den man gewöhnlich damit verbindet, das Wort der heiligen Schrift auf unsern Tempel anwenden: „Templum super quod invocatum est Nomen Tuum".[6] Dieser

---

dass er mit dem Zauberring, auf dem der Name Gottes oder eine geometrische Figur (nach Abraham Abulafia im dreizehnten Jahrhundert), aus zwei gleichseitigen Dreiecken gebildet, stand, die bösen Geister bewältigt und in seinen Dienst gebracht habe.

[1] Soury, Etudes historiques bei Vigouroux, III., p. 46. Vgl. Amos 5, 26.
[2] Vgl. Kraus, a. a. O., II, S. 804 fl.
[3] Die alte Form des Monogramms siehe ebenfalls bei Kraus, a. a. O., S. 605 fl.
[4] Rosen, Das Haram, S. 59. Vgl. oben S. 47, Anm. 4. — [5] Kraus, S. 436.
[6] III Reg. 8, 43; II Par. 6, 33.

Name Gottes oder Christi schlösse uns das Geheimnis des ganzen alten Tempels auf. Darum strahlte er uns von der Tempelpforte entgegen. Er wäre gleichsam der Schlüssel für denselben, wie Christus, der „Schlüssel Davids".[1] der Schlüssel ist für das ganze Alte Testament.

Der äußere, große Vorhof oder das „äußere Heiligthum" des Salomonischen Tempels.

Seine Größe und seine Lage innerhalb des heutigen Haram-esch-Scherif.[2]

Der bisher beschriebene Tempel war von einem großen Vorhofe, der ringsum mit Mauern eingefasst war, umgeben. Derselbe wird das „äußere Heiligthum" oder auch der „Tempelberg" genannt.[3] Über seine Größe und seinen Umfang, sowie über seine genaue Lage innerhalb des heutigen Haram-esch-Scherif gehen die Ansichten noch immer mehr auseinander, als bezüglich irgend einer andern Frage der Topographie Jerusalems.

Dass er nur einen kleinen Theil des heutigen Haram ausmachte, ist ziemlich allgemein anerkannt. Auch das wird nicht mehr ernstlich bestritten, dass die heutige Haram-Area die Erweiterung oder Verdoppelung des alten Salomonischen Vorhofes durch Herodes den Großen[4] bezeichne. Während aber die einen dem Tempelplatz Salomons einen Umfang von vier Stadien geben und ihn in die, auf künstliche Substructionen erbaute, Südwestecke verweisen,[5] geben ihm andere einen geringern oder größern Umfang[6] und versetzen ihn, jedenfalls mit Recht,[7] auf den natürlichen Gipfel des Moria, auf die erhöhte Plattform, aus der sich unter der Cubbet-es-Sakra der heilige Fels als höchste Spitze des Berges erhebt. Aber auch hier wird der Tempel wieder in verschiedener Weise placiert. Entweder ist der heilige Fels das Fundament des

---

[1] Vgl. die große Antiphon: O Clavis David etc. Im Officium zum 20. December. – Es scheint in der That, dass der Name „Schlüssel Davids" anstatt „Schild Davids" für unser Zeichen vorkommt. Steinschneider macht aufmerksam auf eine Schrift, „Der Schlüssel Davids", welche sich in der Bibliotheca Bodleyana unter 4° s. l. 1523 befinde (vgl. Catalog. libr. impress. In Biblioth. Bodl., ed. Bandinel, tom. I., p. 675). Leider ist uns die Einsicht in das Werk nicht möglich.
[2] Siehe Tafel VI.
[3] Joseph. Antt. VIII, 3, 9; XV, 11, 7; Bell. J. V, 5, 1. 2. 8; VI, 5, 2; VI, 2, 7; Middoth 2, 1; I Macc. 13, 53.
[4] Antt. XV, 11, 1; Bell. J. I, 21, 1. — [5] Fergusson, Thrupp, Levi. — [6] Rosen, Schick, Stade.
[7] Bell. J. V, 5, 1.

Allerheiligsten und der Standort der Bundeslade oder er ist der Kern des Brandopfer-Altares.

Stellen wir zunächst die Größe des „äußern Heiligthums" fest. Josephus gibt ihm einen Umfang von vier Stadien und eine quadratische Gestalt.[1] Das Stadium hat nach neuern Untersuchungen 192·27 m, also etwa 387 Ellen. Josephus aber pflegt meistens ein Stadium zu 400 Ellen zu rechnen.[2] Eine jede Seite des Vorhofes würde demnach 400 Ellen Länge betragen. Das ist aber unmöglich: denn wie aus andern Quellen feststeht, war zwischen der Westmauer des äußern Vorhofes und der Westmauer des innern ein Raum von 100 Ellen.[3] Dann wäre die östliche Mauer des innern Heiligthums mit der östlichen des äußern zusammengefallen, während im Süden und Norden je 150 Ellen übrig geblieben wären. Wir geben deshalb andern alten Schriftstellern, Alexander Polyhistor und Aristeas, vor Josephus den Vorzug, welche berichten, dass der Tempelplatz fünf Stadien im Umfange gehabt habe.[4] Darnach betrug, wenn wir das Stadium wiederum zu 400 Ellen rechnen, die Länge einer jeden Seite des Vorhofes 500 Ellen. Das stimmt mit den Angaben der Mischnah,[5] die bezeugt, dass bis zum Umbau des Tempels und der Vergrößerung des Vorhofes durch Herodes den Großen letzterer ein Quadrat von 500 Ellen gewesen.

Sie gibt zudem die genauere Lage des Tempels innerhalb dieses Vorhofes an. Westlich vom innern Vorhofe blieben 100 Ellen, östlich vom Frauenhofe ebenfalls 100 Ellen: nördlich rechnet sie von der Mitte des innern Vorhofes, also vom Altare aus, 175 Ellen, südlich 325 Ellen.[6] Mithin bleiben, wenn wir das innere Heiligthum mit den Thoren zu 150 Ellen nord-südlicher Breite rechnen, nördlich 100 Ellen übrig, sowie westlich und östlich; im Süden aber erübrigen 250 Ellen.

[1] Antt. XV, 11, 3.
[2] Riehm, Handwörterbuch, S. 1534 f. Solche Stadien zu 400 Ellen entsprechen dem talmudischen Ris. Vgl. Joma 6, 4. Bartenoro gibt zu dieser Stelle den Ris zu 266 Schritten an.
[3] Middoth 2, 1. Anmerkung, Ausgabe von Rabe.
[4] Alexander Polyhistor bei Eusebius, praepar. evangel., IX., 35. Aristeas in epistola ad Philocratem ebendaselbst.
[5] Middoth 2, 1.
[6] Middoth 2, 1. Wenn daselbst nach Norden zu 115 Ellen gerechnet werden, so kommt dies daher, dass der betreffende Mischnah-Tradent, der uns diese Mittheilung überliefert, bei der Berechnung der Ausdehnung nach Süden zu die Mauer zu 7½ Ellen unberücksichtigt gelassen hat und darum jetzt 2 × 7½ = 15 für die nördliche und südliche Mauer zu viel bekommt. Ähnlich ist es ihm in seiner Berechnung des östlichen Raumes des Vorhofes ergangen. Übrigens ist zu beachten, dass er den Herodianischen Umbau des innern Tempels schon vor sich hat.

Was nun ist die Ursache, dass der Tempel nicht in der Mitte dieses quadratischen Vorhofes von 500 Ellen gelegen?

Wir glauben für diese Thatsache einen hinreichenden Erklärungsgrund anführen zu können. Es gilt nämlich als sicher, dass der Königspalast mit seinen verschiedenen Gebäuden innerhalb eines großen Vorhofes lag und südlich in unmittelbarer Nähe des Tempels stand,[1] von dem er nur durch eine Mauer geschieden war. Wie nun, wenn wir uns unter diesem „großen Vorhofe"[2] den großen Tempelhof, der zugleich Tempel und Palast umschlossen, dächten, so dass der Gottkönig und der irdische König in unmittelbarster Nähe ihre Throne aufgeschlagen hätten und dadurch die innige Gemeinschaft zwischen der Theokratie und dem irdischen, stellvertretenden Königtum ihren prägnanten Ausdruck gefunden hätte? Wir gäben in diesem Falle dem Terrain des Palastes eine nord-südliche Ausdehnung von 100 Ellen und eine ost-westliche von 300 Ellen, was durchaus der Ausdehnung der von Osten nach Westen sich folgenden[3] verschiedenen Gebäulichkeiten des Palastes entsprechen würde.[4] Die nördliche Mauer des Palastes mag etwa 50 Ellen von der Südmauer des Tempels abgestanden sein.[5] Alsdann nahmen Tempel und Palast zusammen einen Flächenraum von 300 Ellen im Quadrat ein. Und diese beiden Residenzen umgab der große, gemeinsame, heilige Bezirk von 500 Ellen im Quadrat so, dass derselbe sich ringsum in einer Breite von 100 Ellen ausdehnte.

Auf diese Weise erhalten wir ein sehr schönes Verhältnis von Tempel und Tempelhof, während es uns ohne diese Annahme unerklärlich bleibt, warum man den in seiner Grundfläche rechteckigen Tempel, der doppelt so lang als breit ist, von einem quadratischen Vorhofe umschlossen sein lässt, und zwar noch so, dass er nicht einmal dessen Mitte einnimmt.

Als dann später nach der Rückkehr der Juden aus Babylon die Könige ihren Palast nicht mehr auf dem Sion aufbauten,[6] stand der Tempel unregelmäßig in der nördlichen Hälfte des Vorhofes bis zum gänzlichen Umbau und Erweiterung des letzteren durch Herodes den Großen.

[1] Vgl. Z. D. P. V., III. Bd.; Zion, Davidsstadt, und Akra, von Dr. Klaiber; ferner: Ewald, Geschichte des Volkes Israel, III., S. 317; Stade, S. 316.
[2] III Reg. 7, 9. — [3] Siehe Ewald, a. a. O.
[4] Die Gebäulichkeiten selbst sind bei Stade, a. a. O., sehr gut beschrieben. Seiner Annahme bezüglich der Aufeinanderfolge derselben von Süden nach Norden können wir aber nicht beistimmen.
[5] Ezech. 43, 8. Der Herr spricht: „Nur eine Mauer ist zwischen mir und ihnen nämlich den Königen)."
[6] Der Hasmonäerpalast stand auf dem Ostabhange des Südwesthügels.

* * *

Nachdem wir so die Größe des Salomonischen Tempelhofes bestimmt haben, suchen wir seine genaue Lage auf der heutigen Haram-Fläche festzustellen. Wir gaben schon oben der Meinung den Vorzug, nach welcher der heutige Felsendom die Stelle des alten Tempels bezeichnet. Wir setzen ferner als feststehend voraus, dass ein Theil (500 Ellen) der östlichen Harams-Mauer noch die Stelle der alten Salomonischen Tempelmauer einnimmt.[1]
Auf der beigegebenen Zeichnung (Tafel VI) gibt nun die Linie *xy*, welche durch den heiligen Fels läuft, die west-östliche Mittellinie der innern Vorhöfe an. In einer Entfernung von 175 Ellen (92 m) nach Norden zu müssen wir also auf der alten nördlichen Umfassungsmauer des Vorhofes sein. Darnach würde ihr die Linie *EF* entsprechen. Sie fällt zusammen mit der heutigen nördlichen Umfassungsmauer des Hochplateaus, das den Felsendom trägt. In einer Entfernung von 325 Ellen (170 m) nach Süden zu von der Linie *xy* müssen wir auf der südlichen Umfassungsmauer des alten Vorhofes stehen. Das ist auf der Linie *CD*. Die Fronte der Aksa-Moschee steht somit auf dem Fundamente der alten südlichen Vorhofsmauer. Der Lauf der Westmauer *CE* ist ebenfalls in den heutigen Bauten westlich von der Cubbet-es-Sakra noch zu erkennen.

Wir können nun auch die Lage des Tempelhauses selbst genau bestimmen. Nach Middoth 5, 1 war westlich vom Tempelhause ein Raum von eilf Ellen bis zur Mauer des innern Vorhofes. Für die Mauer selbst rechnen wir sechs Ellen. Der dreistöckige Anbau um den Tempel beträgt zehn Ellen. Von der westlichen Mauer des äußern Vorhofes bis zu der des innern Vorhofes sind 100 Ellen. Darnach treffen wir 127 Ellen ostwärts von der Linie *CE* auf das Allerheiligste. Dieses stand demgemäß genau über dem jetzigen heiligen Fels. Auf der beigegebenen Zeichnung des heiligen Felsens (nach de Voguë) sieht man deutlich die Spuren des Laufes der Mauern des Allerheiligsten. Sie schließen einen Raum von zehn Metern oder

Der heilige Fels.

20 Ellen im Quadrate ein, was unsere Annahme bestätigt. Dieser Fels selbst ist sonach der Eben ha-Schatija, der „Fundamentstein", auf dem die Bundeslade ruhte,[2] nicht aber der Kern des Brandopfer-Altares.[3] Die Treppe und das

---

[1] Vgl. Antt. XX, 9, 7; XV, 11, 3; Bell. J. V, 5, 1; Joh. 10, 23; Apostelgesch. 3, 11; 5, 12.
[2] Talm. Bab. Joma 54 b. Vgl. A. Neubauer, La géographie du Talmud, pg. 144. Siehe oben S. 19, Anm. 6.
[3] Haneberg, Sepp u. A. A.

Thor, die heutzutage von Osten her auf das Hochplateau führen, entsprechen genau den 15 Stufen und dem „obern" Thore des alten Tempels. Die Südmauer des heutigen Hochplateaus aber ist die alte Nordmauer der Umfassung des Palastbezirkes der Könige.

Ein Blick auf die Terrainkarte zeigt uns, dass dies so abgegrenzte Quadrat von 500 Ellen ziemlich genau der Form des Hügels vor der Bebauung entspricht, wenn auch immerhin bedeutende Futtermauern aufgeführt und der Hügel planiert werden musste, wie es Josephus berichtet.[1]

Außerhalb dieses oben bezeichneten Quadrates aber ist der Abfall des Terrains nach allen Seiten hin sehr steil, so dass zur spätern Vergrößerung des Vorhofes unter Herodes wenigstens auf der Südseite und in der Nordostecke große Substructionen errichtet werden mussten, die wir heute noch bewundern.

Der jetzige Aufgang, der aus dem Doppelthore (Tafel VI bei *B*) an der Südseite, unterhalb der Aksa-Moschee gerade vor dem Portal der letztern auf die Hochfläche hinaufführt, dürfte noch der alte Aufgang zum Palaste sein. Die Doppelgänge und die Thorhalle selbst sind spätern Herodianischen Datums.[2] Die Treppe aber, die hinaufführt, gehört noch zum alten Salomonischen Bau. Entsprechend dem jetzigen sogenannten dreifachen Thore (bei *H*) wird in der Salomonischen Mauer auch ein Aufgang gewesen sein, der aber heute nicht mehr besteht. Diese beiden Thore der Südseite lagen dann um beiläufig 165 Ellen voneinander und um ebensoweit von den Ecken des Vorhofes ab. Die Südmauer ward also von ihnen in drei gleiche Theile getheilt. Auf der Westseite wird ein Thor dem heutigen Silsele-Thor entsprochen haben. Es ist das in I Par. 26, 16 genannte Schalecheth-Thor, welches den Tempel mit der Oberstadt verband und bei welchem auf einem künstlichen Damme die Nordmauer der alten Stadt das Tyropöonthal überschritt.[3] Ein weiteres Thor an der Westseite führte in die Vorstadt.[4] Es dürfte dem heutigen Katanim-Thore entsprochen haben, so dass auch die Westseite gleichwie die Südseite durch zwei Thore in drei gleiche Theile getheilt war. An

---

[1] Bell. J. V, 5, 1; Antt. VIII, 3, 9.

[2] Vgl. die Zeichnung des Längendurchschnittes dieses Thores unten (S. 71) bei Gelegenheit der Beschreibung des Herodianischen Tempels und der dreifachen Halle. Bei *O* ist die Stelle des alten Thores in der Salomonischen Umfassungsmauer.

[3] Es wird identisch sein mit dem Kiponos-Thore, welches die Mischnah (Middoth 1, 3) hier erwähnt.

[4] Dies wird entstanden sein zur Zeit als die Vorstadt entstand, nämlich zur Zeit der Könige. Es wird zwar nirgends erwähnt; nur Josephus kennt ein solches beim Herodianischen Tempel.

der Nord- und Ostseite war nur je ein Thor,[1] da die Mauern des Vorhofes hier zugleich die Stadtmauern bildeten. Das Ost- oder Susan-Thor[2] stand jedenfalls nicht an der Stelle des heutzutage sogenannten „goldenen Thores" an der Ostseite des Haram, sondern es stand dem Tempel gerade gegenüber und war deshalb nicht in der Mitte der 500 Ellen langen Ostseite. An der Nordseite erwähnt die Mischnah das Teri- oder Tadi-Thor.[3]

* * *

Ob nun bereits Salomon selbst dieses ganze, bisher beschriebene, äußere Heiligthum erbaut habe, ist immerhin fraglich. Nach einer Notiz des Josephus[4] scheint es, dass er selbst nur die östliche Umfassung aufgeführt habe, das übrige seinen Nachfolgern überlassend. Doch ist es auch möglich, dass Josephus zu dieser Annahme dadurch verleitet wurde, dass zu seiner Zeit nur noch auf der Ostseite die Salomonische Mauer mit doppelter Säulenhalle erhalten war.[5] Vielleicht wurde der große Vorhof erst sehr spät vollendet.[6] Ihn umgab eine doppelte Säulenhalle,[7] starke Mauern und Thürme.[8]

Geschichte des Salomonischen Tempels.

Im vierten Jahre der Regierung Salomons war der Bau des Tempels begonnen, im eilften Jahre konnte die feierliche Einweihung stattfinden. Die Fürsten des Reiches, die Stammes- und Familienhäupter waren versammelt, als Salomon durch die Priester die heilige Lade und die übrigen heiligen Geräthe mit dem Zelte (der Stiftshütte) in den Tempel hinauftragen ließ. „Es war aber in der Lade nichts als die zwei steinernen Gesetzestafeln, welche Moyses auf dem Horeb hineingelegt hatte, da Jehova den Bund geschlossen mit den Söhnen Israels. Und wie die Priester wiederum aus dem Heiligthum heraustraten, da erfüllte eine Wolke das Haus des Herrn und es konnten die Priester nicht nahen zur Verrichtung ihres Dienstes; denn die Herrlich-

---

[1] I Par. 9, 24.
[2] Middoth 1, 3. Es trug in späterer Zeit das Bild der Stadt Susan zur Erinnerung an die persische Oberhoheit im Lande. Daher hatte es seinen Namen.
[3] Ob dieses Thor zum ersten oder zum Herodianischen Tempel gehört, ist unsicher. Auch sein Name ist unerklärt. Siehe darüber später unten.
[4] Bell. J. V, 5, 1. — [5] Siehe S. 53, Anm. 1. — [6] Josephus sagte: Im Laufe mehrerer Jahrhunderte.
[7] Antt. VIII, 3, 9; XI, 16, 2; Bell. J. II, 19, 6. — [8] I Macc. 6, 7. Vgl. 6, 51 ff.; 13, 53.

keit des Herrn erfüllte den Tempel. Die Leviten aber, die Sänger alle, welche dem Asaph, dem Heman und dem Jeduthun unterstanden, und ihre Söhne und Brüder, gekleidet in Byssus, mit Cymbeln, Harfen und Psaltern in den Händen, standen ostwärts vom Altare und neben ihnen 120 Priester, die auf Posaunen bliesen. Und es waren wie ein Mann die Posaunenbläser und die Sänger, dass ihre Stimmen wie eine Stimme laut ertönten, als sie alle zugleich mit den Posaunen, Cymbeln und Harfen und andern Arten von Musik-Instrumenten mit dem Chore der Sänger einstimmten. Weithin hörte man den Schall, da sie den Herrn lobten mit den Worten des Psalmes: Lobsinget dem Herrn, denn er ist gnädig und ewig währet sein Erbarmen." [1]

Freudebewegten Herzens trat Salomon in die Mitte auf den ihm bereiteten Platz,[2] und angesichts des ganzen Volkes seine Hände gegen Himmel erhebend, ergoss sein Mund einen herrlichen Dank- und Preishymnus zu Gott. Da fiel Feuer vom Himmel und verzehrte das auf dem Altar liegende Opfer zum Zeichen der wohlgefälligen Annahme, wie einstens bei der Einweihung des heiligen Zeltes und dem ersten Opfer Aarons.[3] „Und das ganze Volk sah das Feuer herabkommen und die Herrlichkeit Jehovas über dem Hause, und alle fielen nieder, berührten mit dem Angesichte die Erde und beteten an und priesen den Herrn: Denn er ist gut; und ewig währt seine Erbarmung."

Sieben Tage feierte Salomon und das ganze Volk mit ihm das Fest der Tempelweihe. Unzählige Opfer wurden in dieser Zeit dargebracht,[4] so dass der Altar nicht ausreichte und der ganzen Vorhof „geheiligt werden" musste.[5] Daran schloss sich das Fest der Laubhütten, ebenfalls durch sieben Tage gefeiert.

* * *

Das glanzvolle Heiligthum des Herrn mit seinem großartigen Cultus ward alsbald der Mittelpunkt, um den sich das ganze Volk „von Dan bis Bersabee" scharte. Das Gefühl der Anhänglichkeit, das Bewusstsein der Zusammengehörig-

---

[1] II Par. 5; III Reg. 8.
[2] Siehe II Par. 6, 13; IV Reg. 11, 14. Diese Tribüne (Duchan) erhob sich drei Ellen hoch als ein Quadrat von fünf Ellen; sie war aus Erz und stand innerhalb oder westlich von dem „großen Thore" im Priesterhofe.
[3] II Moys. 40, 32.
[4] Nach III Reg. 8, 63 waren es 22.000 Stiere und 120.000 Schafe. Die große Zahl hat nichts Unglaubliches. Wir sehen z. B., dass Job allein (Job 42, 12) eine Herde von 14.000 Schafen besitzt. Vgl. IV Reg. 3, 4. Noch jetzt sind im Oriente, in Syrien und Mesopotamien, so große Herden.
[5] II Par. 7, 7; III Reg. 8, 64. Er errichtete wahrscheinlich noch mehrere Opferstätten auf dem Vorhofe.

keit jedes Einzelnen mit diesem religiösen Centrum bildete das hauptsächlichste Band der Einheit. Der Glanz der Majestät Gottes, der von hier aus erstrahlte, umgab das „heilige" Volk mit dem Nimbus priesterlicher Würde, der Absonderung von der heidnischen Welt, der Mittlerstelle zwischen Gott und den Menschen.

Jeroboam zerriss die Einheit des Reiches Salomons. Die politische Bedeutung des Central-Heiligthums, das dem Reiche Juda und dem Hause Davids verblieb, wohl erkennend, gab er seinem Reiche Israel eigene Heiligthümer an den Grenzen des Landes in Bethel und Dan. Aber der Tempel von Jerusalem bewahrte sein Ansehen bei allen gottesfürchtigen Israeliten. Leider bietet die Geschichte des Tempels in den nachfolgenden Jahrhunderten kein sehr wohlthuendes Bild. Das Heiligthum des Herrn ward unter den immerfort zur Abgötterei hinneigenden Königen gar häufig der Ort aller Greuel der schändlichsten heidnischen Culte. Die phönizischen, ägyptischen und assyrischen Götter hielten wiederholt ihren Einzug darin. Unter dem gottlosen Könige Ahas waren sogar die Thüren geschlossen, es „unterblieb das Brandopfer und das Opfer der Lampen und des Rauchwerkes".[1] Erst dem frommen Josias gelang es, den Götzendienst an heiliger Stätte zu vernichten. Nach den Schilderungen des Propheten Ezechiel[2] scheint er zwar zur Zeit der letzten Könige wieder in vollster Blüte gestanden zu haben. — Die „Vorhöfe des Herrn" waren durch diese Greuel mehr verwüstet, als durch die vielfachen Plünderungen und gewaltsamen Verwüstungen fremder Eroberer und heimischer Tyrannen, welche seine Schätze und Zierden raubten.

Um die Wiederherstellung des Zerstörten machten sich besonders Joas[3] und Joatham,[4] vor allem aber Ezechias[5] und Josias[6] verdient.

Das göttliche Strafgericht über das abgöttische treulose Volk und seine Könige konnte nicht länger ausbleiben. Gott der Herr hatte zwar versprochen, dass „sein Name über diesem Hause bleiben werde in Ewigkeit und dass seine Augen und sein Herz dort ruhen würden alle Tage",[7] aber er hatte auch hinzugefügt: „Wenn ihr werdet abirren von dem Wege meiner Gebote und fremden Göttern Ehre und Anbetung zollen werdet, so will ich Israel aus dem Lande hinwegnehmen, das ich ihm gegeben, und der Tempel," den ich meinem Namen geheiligt habe, wird Israel zum Sprichworte sein und zur Spottrede allen Völkern."

[1] II Par. 29, 7. — [2] Ezech. 8. — [3] IV Reg. 12; II Par. 24. — [4] IV Reg. 15, 35; II Par. 27.
[5] II Par. 29, 3 ff. — [6] II Par. 34, 10 ff.; IV Reg. 22, 3 ff. — [7] III Reg. 9, 3.

Der Herr erfüllte seine Drohung. „Alle Fürsten und das ganze Volk waren abtrünnig geworden zu allen Greueln der Heiden und hatten verunreinigt das Haus des Herrn. Es hatte der Herr, der Gott ihrer Väter, ihnen Boten geschickt, bei Tag und bei Nacht sie ermahnend, weil er schonen wollte das Volk und seine Wohnung. Jene aber verspotteten die Gesandten Gottes und verachteten seine Worte und höhnten die Propheten, bis sich erhob der Grimm des Herrn wider sein Volk und keine Heilung mehr war. Er führte über sie den König der Chaldäer, Nabuchodonosor, und dieser tödtete ihre Jünglinge mit dem Schwerte im Heiligthume selbst und hatte nicht Erbarmen mit dem Jüngling und der Jungfrau, mit dem Greise und Altersschwachen. Alle gab der Herr in dessen Hände. Und alle Geräthe des Hauses des Herrn, die großen und die kleinen, die Schätze des Tempels und des Königs und der Fürsten führte er hinweg nach Babylon. Der Feind zündete an das Haus des Herrn und zerstörte die Mauern Jerusalems, brannte nieder die Thore und vernichtete, was immer wertvoll war. So jemand dem Schwerte entgieng, ward er nach Babylon geführt und ward Sclave des Königs und seiner Söhne, bis der König der Perser, Cyrus, zur Herrschaft kam. Da ward erfüllt der Ausspruch des Herrn, den er gethan durch den Mund des Jeremias." [1]

Es war im Jahre 588—587, als der Tempel zerstört wurde, vom siebenten bis zehnten Tage des fünften Monates (Ab Juli bis August). Er hatte 418 Jahre gestanden.

Das alte heilige Zelt, die Bundeslade und der mosaïsche Brandopfer-Altar wurden von Jeremias in einer Höhle des Berges Nebo verborgen.[2] Der Ort, wo diese Gegenstände ruhen, bleibt unbekannt, bis zu dem Tage, da der Herr sammeln wird das Volk und ihm wieder gnädig sein wird.[3]

Auf den Trümmern der Stadt und des Tempels sang Jeremias seine Klagen: „Zerstört hat der Herr sein Zelt, der Vergessenheit anheimgegeben Fest und Sabbath. Verstoßen hat er seinen Altar, den Fluch ausgesprochen über sein Heiligthum. Seine Hand hat gelegt der Feind an alle Kostbarkeiten. Die Heiden betraten das Heiligthum, nicht achtend dein Verbot. Vom Himmel auf die Erde herabgestürzt hat er das erlauchte Israel; nicht mehr gedachte er des Schemels seiner Füße am Tage seines Zornes."[4]

---

[1] II Par. 36, 14 ff. — [2] II Macc. 2, 4—8.
[3] Nach jüdischer Überlieferung (Tractat Schekalim 6, 1) wurde die Bundeslade, vielleicht nur für den Anfang, in einer Höhle des Tempelberges selbst verborgen.
[4] Jerem. Thren. 2, 6. 7; 1, 4. 10; 2, 1.

In der Verbannung lernte das Volk, wieder zurück sich wenden zu seinem Gotte. Die Hand des Herrn, die es schlug, war die des Vaters. Da gedachte es Sions und des heiligen Tempels: „An den Flüssen Babylons saßen wir und weinten, wenn wir Sions gedachten."[1] Und es erbarmte sich Gott seines Volkes, wie er es durch Jeremias hatte verkünden lassen. „In dem ersten Jahre des Perserkönigs Cyrus erweckte Gott, um zu erfüllen das Wort, das er gesprochen durch den Mund des Jeremias, das Herz des Cyrus. Dieser ließ in seinem ganzen Reiche verkünden: Alle Länder der Erde gab mir der Herr, der Gott des Himmels, und er hat mir geboten, ihm ein Haus zu bauen in Jerusalem in Judäa. Wer ist unter euch aus allem seinem Volke? Der ziehe hinauf! Der Herr sein Gott sei mit ihm!"[2]

[1] Ps. 136. — [2] II Par. 36, 23; I Esdr. 1, 3.

III.
DER WIEDERAUFBAU DES TEMPELS UNTER SERUBABEL.

Da machten sich auf die Häupter der Stammfamilien von Juda und Benjamin und die Priester und Leviten, alle, die dem Antriebe Gottes folgten, hinzuziehen zum Wiederaufbau des Tempels des Herrn nach Jerusalem. Alle Umwohnenden unterstützten die Zurückziehenden mit Gold, Silber und sonstigen Geschenken. Der König Cyrus gab die Geräthe des Tempels des Herrn heraus, welche Nabuchodonosor aus Jerusalem genommen und im Tempel seines Gottes aufgestellt hatte. Es waren dies 30 goldene Schalen, 1000 silberne, 29 Messer, 30 goldene Becher, 410 geringere silberne Becher, 1000 andere Geräthe.[1]

Der Anführer der Heimkehrenden war Serubabel, ein Sprössling des alten Davidischen Königshauses, Ahnherr des Messias. Cyrus wies ihm Unterstützungen an von den Steuern der westlich vom Euphrat gelegenen Provinzen.

Serubabel und der Hohepriester Josua (Jesus), Männer voll des Eifers des Herrn,[2] begannen ohne Zögern den Wiederaufbau des Tempels. Bereits im ersten Jahre der Heimkehr, im Jahre 536 v. Chr., am ersten des siebenten Monates, hatten sie den Brandopfer-Altar wieder errichtet, und ward nach langer Verödung wieder das erste Opfer dargebracht.[3] Von nun an feierte man wieder regelmäßig das Morgen- und Abendopfer, sowie die übrigen

[1] Esdr. 1, 5–9. — [2] Eclus. 49, 13. 14. — [3] Esdr. 3, 1 ff.

Opfer an den einzelnen Festen. Noch aber war der Tempel wüste und der Grundstein zum Neubau noch nicht gelegt. Im zweiten Jahre der Rückkehr fand die Grundsteinlegung statt.

„Es standen die Priester in ihren Ornaten mit Posaunen, die Leviten, des Asaph Söhne, mit Cymbeln und lobten Gott nach Anordnung Davids, des Königs von Israel. Und sie stimmten an den Preisgesang: Gütig ist der Herr, und ewig währt sein Erbarmen. Das ganze Volk aber fiel ein mit lautem Jubelschall in der Freude ob der Neugründung des Tempels. Viele darunter waren, die noch den alten Tempel gesehen hatten. Diese weinten vor Rührung und Freude, dass vor ihren Augen nun auch der Grundstein zum neuen Tempel gelegt ward." [1]

Der Bau begann. Aber allzubald sollte er schon gehemmt werden, und zwar durch die Intriguen der feindlichen Nachbarvölker, besonders der Samariter, die man von der Betheiligung am Bau zurückgewiesen hatte. Falsche Anklagen am persischen Hofe erreichten die völlige Sistierung des Baues bis zum Jahre 520. Da wurde er mit Bewilligung des Perserkönigs Darius Hystaspis wieder aufgenommen und endlich, hauptsächlich unter dem Einflusse der beiden Propheten Aggäus und Zacharias, im Jahre 515 vollendet.

Die feierliche Einweihung fand im zwölften Monate, Adar, unter großen, im Namen des ganzen Volkes dargebrachten Opfern statt. Dann „feierte das Volk das Fest der Azymen mit großer Freude, weil der Herr ihm so liebevoll gewesen und das Herz des Königs von Assur ihm zugewendet hatte, dass er das Volk unterstütze im Bau des Hauses des Herrn, des Gottes Israels". [2]

Beschreibung dieses Tempels.

Dieser, nach seinem Erbauer „der Serubabelische" benannte Tempel [3] ist nicht ein Neubau, in dem Sinne, dass ihm ein neuer Plan mit neuen Maßen zugrunde gelegen hätte. Er ist nur der neuerbaute Salomonische Tempel. Nirgends lesen wir von einer andern Einrichtung, von andern Maßen oder Dimensionen. [4]

[1] Esdr. 3, 10 ff. — [2] Esdr. 6, 22.
[3] Er heißt auch der „zweite" (Talmud), weil er nach völliger Zerstörung des ersten gebaut wurde. Der spätere Herodianische, der nur ein Umbau des noch bestehenden „zweiten" Tempels war, wird nicht der „dritte" genannt.
[4] 1 Esdr. 3, 12 ist nicht so zu verstehen, dass die bei der Einweihung Anwesenden, welche noch den

Das Edict des Cyrus[1] bestimmte die Höhe des Tempels auf 60 Ellen und seine Breite ebenfalls auf 60 Ellen. Wir haben früher gesehen, dass dieses die Maße des Salomonischen Tempels, beziehungsweise der Vorhalle sind. Diese Höhe von 60 Ellen hatte denn auch in der That die Vorhalle des Tempels noch bis zu den Zeiten des Herodes.[2] Dass aber unter der „Breite von 60 Ellen" nicht etwa die Breite des Heiligen mit den Seitenkammern gemeint sei, erhellt daraus, dass diese selbst im spätern Herodianischen Bau, der doch eine Erweiterung des damals bestehenden Tempels war, nur 54 Ellen betrug.

Über die Größe der Vorhöfe haben wir das früher[3] angeführte Zeugnis des Hecateus von Abdera.

Das Allerheiligste war vollständig leer. Nichtsdestoweniger blieb es die „Wohnung Gottes" und die Stätte seiner Offenbarung, wenn auch nicht mehr die Schechina über der Bundeslade die geheimnisvolle Gegenwart Gottes andeutete.[4] Noch immer trat der Hohepriester alljährlich am Versöhnungsfeste mit dem Weihrauch und dem Sühnblute „vor das Angesicht Gottes".[5]

Im Heiligen stand ein goldener, siebenarmiger Leuchter, ein Schaubrottisch, ein Rauchopfer-Altar.

Zwei Vorhöfe werden erwähnt[6] mit vielfachen Zellen und Kammern,[7] mit Thoren[8] und Säulenhallen.[9] Auch stand wieder ein chernes Waschbecken im innern Hofe.[10]

Der äußere große Vorhof, das „äußere Heiligthum", erhielt durch Hinzuziehung des Palasthofes die Gestalt des Quadrates von 500 Ellen.[11] Er war

---

alten Tempel gesehen hatten, weinten, etwa weil der neue Bau den alten nicht an Größe und Glanz erreiche; sie weinten vielmehr Freudenthränen.

[1] Esdr. 6, 3 f. — [2] Antt. XV, 11. — [3] Siehe oben auf S. 34.

[4] Die Bundeslade gehörte nicht zum Wesen des Tempels. Nicht die Bundeslade ist im Tempel „was das Herz im Körper" (Keil), sondern das Allerheiligste hat diese bevorzugte Stellung. Bundeslade und Tempel, respective Zelt, waren, wie wir sahen, früher schon öfter voneinander getrennt. Dass aber die Bundeslade im zweiten Tempel fehlte, war wohl von Gott gewollt, um auf die neue höhere Offenbarung vorzubereiten, von der Jeremias (3, 16) sagt, dass man in ihr nicht mehr der Bundeslade gedenken werde, wann Jerusalem der Thron des Herrn heißen und zu ihm hinströmen würden alle Völker.

[5] Joseph. Bell. J. V, 5, 5; Joma 5, 2.

[6] I Macc. 4, 38, 48; Joseph. Antt. XIV, 16, 2.

[7] Esdr. 8, 29; 10, 6; Neh. 3, 30; 10, 37 ff.; 12, 43; 13, 5 ff.; I Macc. 4, 38, 46.

[8] Vgl. das obige Citat aus Hecateus. — [9] Joseph. Antt. XI, 4, 7; XIV, 16, 2.

[10] Dieses scheint erst Simon, der große Hohepriester (Sirach 50, 3), zur Zeit Alexanders des Großen haben herstellen lassen.

[11] Siehe oben S. 52.

von hohen Mauern und Säulenhallen umgeben und mit Thürmen versehen, wie eine Festung.[1] Eine Brücke verband den Tempel mit der obern Stadt.[2]

Die Geschichte dieses zweiten Tempels

ist lange Jahrhunderte hindurch eine freundlichere als die des ersten. Erst die drangvollen Zeiten des Königs von Syrien, Antiochus Epiphanes (175 bis 164 v. Chr.) brachten Unheil und neue Verwüstung über den Tempel.

Dieser Tyrann trat ein in das Heiligthum „mit großem Übermuthe", raubte den Tempelschatz und alle kostbaren Gefäße, den goldenen Rauchopfer-Altar, den Leuchter, den Schaubrottisch und selbst den Vorhang des Allerheiligsten.[3] Er entweihte den Tempel durch Götzendienst und einen Altar des Jupiter Olympius, den er an der Stelle des Brandopfer-Altars oder auf demselben errichten ließ.[4] Ja er wollte den Tempel nach dem Jupiter Olympius benennen.[5] Drei Jahre lang dauerte die Verwüstung.[6] — Da standen auf der herrliche Priester Mathatias aus Modin, einem Städtchen des Gebirges Juda, und seine Söhne mit ihm, darunter Judas mit dem Beinamen der Makkabäer. Sie stellten sich an die Spitze derer, die für Gott und sein heiliges Gesetz eiferten. In harten, glorreichen Kämpfen gelang es ihnen, Jerusalem zu erobern und die Fremdherrschaft völlig zu vernichten. Da sprach Judas zu den Seinen: „Sehet, die Feinde sind vernichtet. So lasst uns hinaufsteigen und reinigen das Heiligthum und es erneuern! Und sie kamen auf den Berg Sion und sahen das Heiligthum verlassen, den Altar entweiht, die Thore verbrannt, auf den Vorhöfen Strauchwerk wie im Walde oder in den Bergesschluchten. Da zer-

---

[1] I Macc. 6, 7. Aus dieser Stelle ist ersichtlich, dass der Tempel wenigstens schon vor der Makkabäer-Zeit die hohen, festungsähnlichen Mauern hatte (vgl. 6, 51 ff.: 13, 53). Wie es scheint, hat der oben erwähnte große Hohepriester Simon, des Onias Sohn, viele Verdienste um die Erweiterung und Ausschmückung des äußern Vorhofes. „Von ihm ward der emporragende Bau der Doppelhallen gegründet, der hohe Stützbau der Ringmauern des Tempels." Sirach 50, 2.

[2] Antt. XIV, 4, 2; Bell. J. I. 7, 2.

[3] I Macc. 1, 23 f. Das Schicksal des von Antiochus geraubten Vorhanges ist uns wie durch Zufall bekannt geblieben. Pausanias, der um dieselbe Zeit lebte, berichtet in seiner Beschreibung Griechenlands (Ἑλλάδος περιήγησις), dass Antiochus einen kostbaren Vorhang von merkwürdiger Arbeit, aus orientalischem Byssus und mit phönizischem Purpur gefärbt, im Tempel des Jupiter zu Olympia „als Weihegeschenk geopfert habe". Es ist wahrscheinlich der in Jerusalem geraubte Vorhang gewesen, den er hier als Spolie einer überwundenen Gottheit dem Zeus weihte. Pausanias erwähnt noch, dass der Vorhang ein καταπέτασμα gewesen, d. h. ein solcher, der nicht aus zwei Theilen besteht, die man beim Eintreten auseinanderschlägt. Ein solcher aber war derjenige, der zur Zeit des Todes Christi „von oben bis unten zerriss". (Matth. 27, 51).

[4] I Macc. 1, 49 f., 57; 4, 38; II Macc. 6, 2 ff. — [5] II Macc. 6, 1. — [6] I Macc. 3, 45.

rissen sie ihre Kleider, klagten mit großem Jammer, streuten Asche auf ihre Häupter, stießen in die Posaunen und schrien auf zum Himmel. Dann reinigten sie das Heiligthum, warfen die Steine des Götzen-Altars an einen unreinen Ort; den Brandopfer-Altar aber, der ebenfalls entweiht war, zerstörten sie und legten die Steine desselben in einem Raum nieder, bis dass einmal ein gotterleuchteter Mann sage, was damit geschehen solle. Nun bauten sie einen neuen Altar und hielten wieder den regelmäßigen Gottesdienst. Acht Tage lang feierten sie die Weihe des Altars, schmückten die Tempelfronte mit goldenen Kränzen und Schilden,[1] und es war große Freude im ganzen Volke. Den Tempelberg aber befestigten sie aufs neue, wie er vordem gewesen war mit Thürmen und hohen Mauern.[2] Dies geschah im December des Jahres 164 v. Chr. Von da an ward der Tempel die Citadelle der Stadt[3] und spielte eine bedeutende Rolle in allen Kämpfen des letzten Jahrhunderts vor Christus.

Nochmals fiel der Tempel in die Hände der Syrer unter Antiochus Eupator, dem Nachfolger des Antiochus Epiphanes. Dieser ließ wenigstens theilweise seine Mauern niederreißen.[4] Doch richtete der Makkabäer-Fürst Jonathas das Zerstörte von neuem auf.[5]

Im Jahre 63 (oder 62) v. Chr., am Versöhnungstage, den 22. September (10. Tisri) eroberte Pompejus die Stadt. Nach dreimonatlicher Belagerung stürmte er den Tempel, in welchem sich Aristobul festgesetzt hatte. Die Juden hatten die Verbindungsbrücke zwischen Stadt und Tempel niedergerissen. Pompejus greift darum den Tempel von Norden an, muss aber eine Thalschlucht und einen Graben ausfüllen, ehe er vor den Mauern steht.[6] Er drang ins Heiligthum ein, „nach dem Rechte des Siegers", wie Tacitus[7] sagt, und sah „das große Geheimnis dieses gottlosen Volkes, einen Weinstock an goldener Decke".[8] Er war verwundert, kein Götzenbild zu finden, „daher es allgemein bekannt ward, dass im Innern des Heiligthums kein Götterbild seinen Thron habe und dass die Geheimnisse dieser Religion leer und eitel seien".[9]

---

[1] I Macc. 4, 57. — [2] I Macc. 6, 7.
[3] Insbesondere nach der Zerstörung der „Akra der Syrer" durch Simon Makkabäus im Jahre 141. Diese Akra war wahrscheinlich die alte „Stadt Davids", die ursprüngliche Jebusiterburg am Südabhange des Sion oder des Südost-Hügels. Unter Antiochus Epiphanes hatten die Syrer sie besetzt und sich zur Festung gemacht (I Macc. 1, 35), zu einem Hinterhalte für die zum Heiligthum Pilgernden; denn sie befand sich in unmittelbarer Nähe des Tempels. Diese Akra wurde durch Simon vollständig abgetragen mitsammt dem Fels, auf dem sie gestanden. Vgl. dazu Guthe, Ausgrabungen, Z. D. P. V., V. Bd., und Bell. J. I, 2, 2; V, 4, 1; Antt. XIII, 6, 7.
[4] I Macc. 6, 62; Jos. Antt. XII, 9, 7. — [5] Jos. Antt. XIII, 5, 11. — [6] Antt. XIV, 4, 1 u. 2.
[7] Hist. V, 9. — [8] Florus, l. III, c. 5. — [9] Tac., a. a. O.

Um das Jahr 56 v. Chr. plünderte Crassus den Tempel, raubte den Schatz von 2000 Talenten und den Goldschmuck der Wände und Thüren im Werte von 8000 Talenten, im ganzen nach unserer heutigen Schätzung 8½ Millionen plus 34 Millionen Mark.

Nochmals endlich hatte der Tempel in den folgenden Jahrzehnten alle Drangsale einer Belagerung und alle Greuel einer Einnahme mit stürmender Hand zu ertragen, als im Jahre 37 v. Chr. (oder 35), wieder am 10. Tisri, am 21. September, dem Versöhnungsfeste, Herodes der Grosse den ihm vom römischen Senate verliehenen Thron und die Stadt Jerusalem sich erobern musste. Auch er lagerte im Norden des Tempels. 40 Tage erforderte die Einnahme der ersten Festungslinie; 15 Tage darauf fiel die Tempelmauer mit ihrer Säulenhalle. Bei dieser Gelegenheit wird erwähnt, dass den Tempel nach Norden zu eine Mauer (Stadtmauer), ein Thal und eine zweite Mauer (Tempelmauer) schützten.[1] Dieses Thal wurde später von Herodes bei Erweiterung der Tempelarea ausgefüllt. An der äußern Ostseite des Harams ist diese Thalsenkung noch jetzt wohl zu bemerken.

[1] Antt. XIV, 16, 2.

IV.
DER HERODIANISCHE TEMPEL.

Durch Herodes dem Großen (37 v. Chr. bis 1 n. Chr.) tritt der Tempel in eine neue, die letzte Phase seiner Baugeschichte. Nachdem der erste, mehr kriegerische, bewegte Abschnitt der Regierung dieses Königs abgelaufen und derselbe nach der Schlacht von Actium (30 v. Chr.), soweit dieses bei einem halbselbständigen, orientalischen Despoten, dem eigentliches Kunstinteresse abgieng, überhaupt möglich war, in den Einfluss des Augusteischen Zeitalters, besonders in den von Augustus und Agrippa so sehr gepflegten Eifer für die Verschönerungs- und Nützlichkeits-Bauten, mithineingezogen war, konnte sich einem jüdischen Könige kein näherliegendes Werk darbieten, als ein Neubau des, in der für die damalige Zeit immerhin unscheinbaren Gestalt der Serubabelischen Wiederherstellung dastehenden alten Tempels. Hier bot sich dem Fürsten, welchem das Volk seine Idumäische Abstammung, seine Ernennung durch die Römer und die mit derselben zusammenhängenden Gewaltthaten gegen das Makkabäerhaus und dessen Anhänger nicht vergessen konnte, eine erwünschte Gelegenheit, den ihm abgeneigten religiösen Eifer zu versöhnen und seine eigene Herrschaft durch ein Werk nationaler Größe zu legitimieren, ja sie als gottgewollte Erfüllung alter, prophetischer Aussprüche[1] darzustellen."[2] Freilich galt es Vorsicht und Schonung tiefwurzelnder Anschauungen. Im Volke regten sich Besorgnisse, dass nach Zerstörung des Alten der Neubau etwa nicht zum Abschluss gebracht werde. Herodes wusste

---

[1] Jos. Antt. XV, 11, 1; Aggaeus 2, 10. — [2] Spieß, Der Tempel zu Jerusalem, S. 10.

diese Besorgnisse niederzuschlagen durch den Hinweis auf die Größe und Pracht des neuzuerbauenden Tempels, der nur eine Herstellung des alten Salomonischen werde, welchen der des Serubabel nicht erreicht habe.[1] Der Neubau sei somit eine nationale Pflicht. Er fügte das Versprechen hinzu, nicht eher an die Abtragung der Mauern zu gehen, als bis er alle Vorbereitungen zu einer gewissen und vollständigen Ausführung des Planes getroffen habe.[2] Demgemäß beschaffte er alsbald 1000 Transportwagen, wählte 10.000 der erfahrendsten Arbeiter aus und ließ zum Umbau des eigentlichen Tempelhauses tausend Priester in den Bau- und Zimmer-Arbeiten unterrichten, damit nicht Laien das Heilige betreten müssten.

So begann denn im Anfange des neunzehnten Regierungsjahres des Herodes, d. i. wahrscheinlich im Frühjahre des Jahres 18 v. Chr.,[3] der Tempelbau.

*   *   *

Josephus bezeichnet[4] als Werk des Herodes die „Erweiterung des Umfanges" (ἐπίδοσις) der Höfe und die „Erhöhung" des Tempelhauses. Den alten geheiligten Typus in Anlage und Gesammtplan des Tempels veränderte also Herodes nicht, wenn er den Bau auch in seinen Formen dem damaligen griechisch-römischen Baustile anpasste.[5] Der Tempel wurde erweitert, da wo es das Bedürfnis erheischte, wie z. B. bei den Vorhöfen, und erhöht, um ihm ein pompöseres Aussehen, mehr Glanz und Ansehen zu geben. Durch Herodes trat der Tempel in die Reihe der bedeutendsten und großartigsten Bauwerke des Alterthums. Es verschwindet ihm gegenüber fast das so gepriesene Werk des Salomon.

Der Bau des Tempelhauses nahm 1½ Jahr in Anspruch, der der Vorhöfe acht Jahre. Im Jahre 10 v. Chr. konnte die feierliche Einweihung stattfinden.

---

[1] In der Rede des Herodes an das Volk (Antt., l. c.) findet sich die früher (S. 26 u. 62) erwähnte Angabe, dass der bestehende Tempel nur 60 Ellen Höhe habe, während die Salomonische, wie die heilige Schrift (II Par. 3, 4 berichte, 120 Ellen Höhe gehabt habe.

[2] Der Neubau des Herodes ist ein successiver, indem nicht der alte Tempel ganz abgetragen wurde, bevor der Wiederaufbau begonnen wurde. Der Gottesdienst ward nicht einmal unterbrochen. Daher bezeichnen die Juden diesen Tempel nicht etwa als den dritten, sondern als den zweiten, d. h. als den Serubabelischen. Darnach wird auch Aggaeus 2, 8 gerechtfertigt, dass den zweiten Tempel, d. i. den Serubabelischen, der Messias durch seine Gegenwart verherrlichen werde.

[3] Rieß, Das Geburtsjahr Christi, S. 170, und Kirchen-Lexikon von W. u. W. h. d. W. Chronologie.

[4] Antt. XV, 11, 1.

[5] Vgl. was Josephus (Antt. XV, 11, 5) von den Säulen korinthischer Ordnung in den Vorhöfen sagt.

Die großen Arbeiten der Erweiterung des äußern Heiligthums dauerten aber noch viele Jahrzehnte, bis endlich bei einer auf 18.000 erhöhten Arbeiterzahl das ganze Werk im Jahre 64 n. Chr. unter König Agrippa II. vollendet ward.[1]

A. Der äußere Vorhof oder das äußere Heiligthum.

1. Größe.

Das Hauptwerk des Herodes beim Umbau des Tempels, von dem allein auch heute noch Überreste zeugen, ist die Erweiterung der Tempelarea oder des „äußern Heiligthums".[2] Im Vergleiche mit dem bisherigen, den Tempel umgebenden großen Vorhof von 500 Ellen im Quadrat, hatte der neue den doppelten Flächeninhalt.[3] Ihm entspricht im wesentlichen die heutige Hochfläche des Haram-esch-Scherif.[4] Die Erweiterung des alten Vorhofes von 500 Ellen im Quadrat haben wir uns auf folgende Weise zu denken: Nach Osten hin verbot das stark abfallende Terrain eine Vergrößerung des Vorhofes. Hier dürfte also die alte Tempel- und Stadtmauer geblieben sein, die nur nach Süden und Norden hin verlängert wurde.[5] Nach Norden zu wurde die Fläche bis zu der alten Baris, dem festen Thurme oder Schlosse der Hasmonäer, das von Herodes zu einem Prachtbau und zur Citadelle der Stadt umgeschaffen und Antonia genannt war, ausgedehnt. Dabei wurde ein Thal, welches bei der Eroberung des Tempels durch Pompejus und Herodes eine Rolle gespielt hatte,[6] ausgefüllt und mit in die Umfassungsmauern der Tempelarea gezogen.[7] Die nördliche Mauer dürfte wohl mit der alten Stadtmauer, welche, wie aus der Beschreibung der Eroberung durch Pompejus und Herodes hervorgeht, nördlich von dem erwähnten Thale stand, zusammen-

---

[1] Jos. Antt. XX, 9, 7.
[2] Josephus nennt es auch ὄρος τοῦ ἱεροῦ, ebenso der Talmud: Har-Habaith, Berg des Hauses. Der ganze Tempel wird im Talmud Beth-Hamikdasch, Haus des Heiligthums, genannt, auch bloß Baith-Haus.
[3] Jos. Bell. J. I, 21, 1; Antt. XV, 11, 1.
[4] Die Fläche des Haram-esch-Scherif hat bei 281 m Breite (Südseite) eine Länge von 488 m (Westseite), und einen Flächeninhalt von 140.567 Quadrat-Meter oder circa 560.000 Quadrat-Ellen, während die alte Fläche 250.000 Quadrat-Ellen hatte. Das Areal der Akropolis von Athen erreicht nicht den vierten Theil der Tempelfläche an Größe. Während der Flächeninhalt verdoppelt wurde, wurde der Umfang nur um die Hälfte vergrößert. Früher war er 2000 Ellen, jetzt wurde er 3000 Ellen oder 1570 m. (Der heutige Umfang des Haram ist 1552 m.) Da nun Josephus den früheren Umfang fälschlich auf vier Stadien angegeben hatte, musste er den neuen auf sechs angeben. Vgl. Bell. J. V, 5, 2.
[5] Siehe S. 53, Anm. 1. Antt. XX, 9, 7; XV, 11, 3; Bell. J. V, 5, 1. — [6] Siehe S. 64.
[7] Z. D. P. V., 1878. H. v. Alten, Die Antonia und ihre nächste Umgebung. Noch heute ist die Ausmündung dieses Thales im Cedronthale wohl erkennbar. Die Umfassungsmauer des Haram läuft daselbst gegen 80 m weit über aufgeschüttetes Terrain. Vgl. die Karten von Zimmermann.

fallen.¹ An der Südseite wurde die Umfassungsmauer so weit vorgerückt, als nöthig war, um den eigentlichen Tempel in die Mitte zwischen die nördliche und südliche Mauer zu bringen. Spuren der südlichen Begrenzung des alten vorherodianischen Tempelplatzes sind an den noch bestehenden Aufgängen von Süden her (siehe unten S. 71) wohl zu erkennen. Im Westen gibt die heutige Haramsmauer die Herodianische Erweiterung an. Sie betrug soviel, als nöthig war, dass auch in west-östlicher Richtung das Tempelgebäude (speciell die hohe Vorhalle) in die Mitte komme.

Die Unregelmäßigkeit des Rechteckes der gesammten Area lässt sich schwer erklären. Terrainverhältnisse, die Formation des Hügels, dürften maßgebend für die Gestaltung gewesen sein.²

Zu dieser Erweiterung waren außer den gewaltigen Umfassungsmauern, die uns heute noch Staunen und Bewunderung abgewinnen, großartige Substructionen erforderlich, da der Hügel die nothwendige Fläche nicht bot. Im Südwest-Winkel des Haram sind dieselben noch heute erhalten und zugänglich. Sie bestehen aus 100 mächtigen, von Quadern gebauten, $6^{1}/_{2}$ m hohen Pfeilern, welche die Gewölbe tragen.

2. **Umfassungsmauern.** Dieses äußere Heiligthum gestaltete Herodes zu einem **Prachtwerke** ohnegleichen. Die Umfassungs- oder Futtermauern sind aus Quadern von oft 8 m Länge bei 1 m Höhe hergestellt. Die einzelnen Schichten treten nach oben etwas zurück und geben dadurch dem Bauwerke das Ansehen größerer Stärke. An manchen Stellen haben diese Mauern eine Höhe von 42 m und mehr. Auf ihnen erhoben sich, durch vorspringende Pfeiler oder Pilaster³ und vielleicht auch durch Zinnen geschmückt,⁴ die Umfassungsmauern des großen Vorhofes. Letztere dürften eine Höhe von 32 bis 34 Ellen,⁵ d. i. von 16—17 m, gehabt haben. Mit ihren **Thürmen** und der an der Nordwestecke auf einer Felskuppe majestätisch thronenden **Antonia** boten

---

[1] Nicht südlich von diesem Thale, wie v. Alten und Schick wollen.

[2] Dass wenigstens schon zur Zeit des Josephus die südliche Mauer kürzer war als die nördliche, mithin das Rechteck ein unregelmäßiges war, scheint aus Antt. XV, 11, 5 hervorzugehen, wo gesagt wird, dass der Porticus an der Südseite vom östlichen bis zum westlichen Thale reiche: „denn weiter konnte er nicht geführt werden". Er hätte also eigentlich weitergeführt werden sollen.

[3] Dieser Mauerschmuck findet sich noch an der Westseite der alten Vorhofsmauer gegen Norden zu, ebenfalls bei Mauertheilen, die zur Befestigung der sogenannten zweiten Mauer der Stadt gerechnet werden, in der Nähe des heiligen Grabes. (Vgl. Z. D. P. V., VIII. Bd., 1885, 4. Heft.) Besonders schön ist er an der großen Moschee zu Hebron erhalten, die ein altjüdisches Werk ist.

[4] Jos. Bell. J. IV, 9, 12.

[5] Diese Höhe ergibt sich aus der Höhe der an diese Mauer sich anlehnenden Säulenhallen

diese Ringmauern schon von außen einen prächtigen Anblick dar. Im Innern umgaben, an die Ringmauern anlehnend, doppelte Säulenhallen auf drei Seiten den Platz. Dieselben hatten eine Breite von 30 Ellen oder 15 m. Ihre Säulen, Monolithe von 25 Ellen Höhe aus weißem Marmor, trugen das Cederngebälk des Daches. In ihrer Gesammtlänge von 1250 m waren diese Hallen ein grandioses Werk. — An der Ostseite stammten sie zum Theil noch aus Salomonscher Zeit.[1]

3. Die dreifache oder königliche Halle. Alles übertraf an Kostbarkeit, Größe und Schönheit die dreifache, sogenannte „königliche" Halle (βασιλική στοά) an der Südseite des Platzes. 162 Marmorsäulen, Monolithe von 27 Ellen[2] Höhe und 3 bis 3½ Ellen im Durchmesser, der korinthischen Ordnung angehörend und an der Basis mit doppeltem Wulste (σπείρα) geschmückt, bildeten in vier Reihen eine dreifache Halle. Die eine der vier Reihen war in die südliche Mauer eingeblendet. Während die Seitenhallen je 30 Fuß oder 20 Ellen breit waren, hatte die mittlere Halle eine Breite von 45 Fuß oder 30 Ellen. Die gesammte dreifache Halle hatte somit 70 Ellen (35 m) in der Breite bei einer Länge von circa 270 m oder 540 Ellen. Die Seitenhallen erreichten mit ihrem Gebälk und dem Dachwerke eine Höhe von 50 Fuß oder 33 Ellen. Die Säulen der Mittelhalle aber trugen auf dem Architrav noch eine Stirnmauer mit einer neuen Säulenstellung, so dass das Ganze eine Höhe von 100 Fuß oder 66 Ellen erhielt. Das Dachwerk war aus Cedernholz und aufs reichste verziert und vergoldet.

Ob diese „königliche" Halle an ihrem Ost- und Westende durch Thürme abgeschlossen gewesen, ist nirgends ausdrücklich erwähnt. Die Architektur verlangt es nicht nothwendig. Josephus spricht[3] von der schwindelnden Höhe an der Südost-Ecke, die derart war, dass jemand, der oben stand, nicht wagen durfte hinunterzublicken, ohne vom Schwindel erfasst zu werden. Darnach könnte man versucht sein, einen Thurm an dieser Stelle in der Breite der Halle anzunehmen.[4] In diesem Falle würde an die andere Seite der Halle ein entsprechender Thurm zu setzen sein.

[1] Antt. XX, 9, 7; Joh. 10, 23; Acta App. 3, 11; 5, 12.
[2] Jos. Ant. XIV, 11, 5. Josephus schreibt wohl nur durch ein Versehen 27 Fuß (= 18 Ellen) anstatt 27 Ellen. Eine Säule korinthischer Ordnung von 18 Ellen Höhe bei 3½ Ellen Durchmesser wäre unmöglich. Auch würden wir für die Säulenhallen nicht, wie Josephus angibt, eine Höhe von 50 Fuß = 33 Ellen erhalten. Ferner wären ja alsdann die Säulen der Doppelhallen viel bedeutender. Säulen von 27 Ellen würden etwa denen am Porticus des Pantheon in Rom entsprechen. — [3] Jos. Antt. XV, 11, 5.
[4] Vogué will in den Substructionen Ueberreste der Fundamente eines Thurmes gefunden haben.

An der Westseite führte von der Mittelhalle aus, und zwar in der ganzen Breite derselben, eine Brücke auf Bogen über das Tyropöon-Thal.[1] Unter dieser dreifachen Halle befanden sich zwei Thoraufgänge von Süden her, die als unterirdische Gänge mit Treppen auf der Hochfläche mündeten. Sie bestehen noch. (Siehe die Abbildung.) Der westlichere ist eine Fortsetzung des alten Thoraufganges zum Salomonischen Palast und Tempel.[2] Zwei Thore von je 5½ m (11 Ellen) Höhe und 5 m (10 Ellen) Breite öffnen sich in eine quadratische Halle von 22 Ellen. Eine etwas plumpe Säule von eilf Ellen Höhe und drei Ellen Durchmesser, deren Capitäl mit einer Art Akanthusblatt geschmückt ist, dient als Träger für vier ziemlich flache, kuppelartige Gewölbe.[3] Von dieser Halle ziehen sich zwei gewölbte, niedrige Gänge, durch Pfeiler voneinander getrennt, bis an die alte Umfassungsmauer des Tempels, respective des alten Palast-Vorhofes.[4] Von hier (siehe die Zeichnung bei O) führt eine Treppe, wohl der alte „Aufgang",[5] zur Haramfläche hinauf. Sie mündet jetzt unmittelbar vor der Moschee El-Aksa,[6] welche über dieser Thoranlage erbaut ist. Ungefähr 80 m östlich davon befindet sich eine zweite Thoranlage mit dreifacher Halle und dreifachem Thore. Doch ist dieselbe nicht so reich geschmückt und mündet die

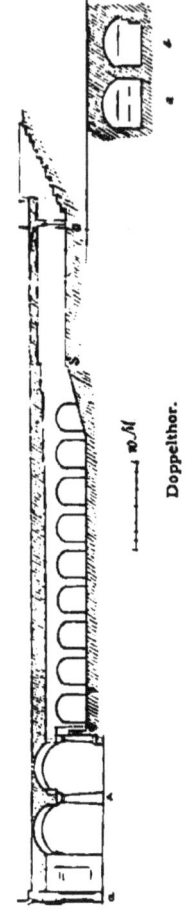

[1] Oder ein Aufgang, eine über Bogen aus dem Tyropöon aufsteigende Treppe, wie einige wollen. Zwölf Meter nördlich von der Südwest-Ecke befindet sich noch der Ansatz eines solchen Bogens in der Haramsmauer. Er ist 15'‚ m breit. Die Spannweite des Bogens war 8·25 m. Ansätze zu Pfeilern, die die Bogen trugen, sind unter dem Schutte, der das Tyropöon-Thal füllt, gefunden worden. Der Bogen wird nach seinem Entdecker Robinsons-Bogen genannt. In Josphus oder dem Talmud findet sich für diese Brücke kein Anhaltspunkt.
[2] Siehe oben S. 54.
[3] Diese Hallen sind vielleicht in ihrer jetzigen Gestalt durch Kaiser Justinian erneuert worden; in ihrer Anlage sind sie sicher alt. Vgl. Vogüé und Sepp, Die Felsenkuppel München 1882, S. 124 ff.
[4] Der westliche der beiden Gänge hört etwas früher auf als der östliche. Er ist vermauert.
[5] Siehe S. 54. Vgl. III Reg. 10, 5; IV Reg. 16, 18; II Par. 9, 4 (n. d. Hebr.).
[6] Diese Moschee wurde bisher für die alte Justinianische Marienkirche angesehen. Wahrscheinlich ist sie ein Werk späterer arabischer Kunst. Im Mittelalter wurde sie oft „Tempel Salomons" genannt.

Halle heutzutage nicht mehr aus. Die Einfassung ihrer drei Thore ist ein Werk späterer Zeit.[1]

4. **Die Maße dieser dreifachen Halle.** Indem wir obgenannte Thorgänge, sowie die übrigen Substructionen in den Souterrains der ehemaligen königlichen Halle, endlich die Bogenreste der Brücke an der Westseite zu Hilfe nehmen, ist es uns möglich, ganz genau die königliche Halle zu reconstruieren. Denn es dürfte als gewiss anzunehmen sein, dass die Säulen der dreifachen Halle sich genau über den Säulen der untern Thoreingänge und den Pfeilern der Souterrains erhoben haben.

Der Robinsons-Bogen nun ist genau $12\frac{1}{2}$ m oder 25 Ellen von der Südwest-Ecke des Haram entfernt und ist selbst $15\frac{1}{2}$ m oder 30 Ellen breit. Wenn nun letzteres Maß der Breite der mittleren Säulenhalle entspricht (von Säulenmitte zu Säulenmitte gerechnet gerade 30 Ellen), so muss ersteres Maß (25 Ellen) die Breite der südlichen Nebenhalle mit der südlichen Vorhofsmauer sein. Wir haben aber oben gesehen, dass diese Halle ohne die südliche Begrenzungsmauer eine Breite von 20 Ellen hatte, mit derselben also wohl gerade 25 Ellen. Ferner ist in der oben beschriebenen Thoranlage der Abstand der ersten freistehenden Säule von der am Thürpfeiler vorspringenden Halbsäule gleich $7\frac{1}{2}$ m oder 15 Ellen. Der Thürpfeiler selbst ist mit der Halbsäule $4\frac{1}{2}$ m oder neun Ellen stark. Wir erhalten also vom äußern Thoreingang an bis zu der freistehenden Säule 24 Ellen, bis zu ihrer Mitte $25\frac{1}{2}$ Ellen. Mithin gibt die Säule in der untern Thorhalle genau den Lauf der Säulenreihe an, die in der obern dreifachen Halle die mittlere von der südlichen Halle trennt. Der nächstfolgende Pfeiler im untern Bau steht gerade unter der Mitte der obern Mittelhalle, während der darauf an zweiter Stelle folgende Pfeiler wieder der obern Säulenreihe entspricht, die das Mittelschiff von der nördlichen Seitenhalle trennt. Weitere vier Pfeiler im untern Gange, und wir treffen unter die nördliche Säulenreihe der obern Halle.

Die Länge der Halle von Westen nach Osten beträgt, wenn ich für die beiderseitigen Thürme je 30 Ellen, also soviel als die Doppelhallen an der West- und Ostseite des Platzes einnehmen, abrechne, 243 m. Nach Josephus hat die ganze königliche Halle 162 Säulen, also eine jede Reihe 40 Säulen; zwei bleiben noch übrig für die Thorhalle. Darnach muss der Abstand von Säule zu Säule 6 m, also etwa 12 Ellen betragen.

[1] Wahrscheinlich aus Justinians Zeit. (Procopius de aedif. Justiniani, V. u. VI.)

Die Höhe der Mittelhalle gibt Josephus auf 100 röm. Fuß, d. i. circa 66 Ellen, an, die der Seitenhalle auf die Hälfte. Die Breite der Halle war, wie wir oben gesehen haben, 70 Ellen, oder, da dieses Maß nur von der Achse der südlichen Säulenreihe zu der der nördlichen genommen ist, bis zum Fußpunkte der Säulen und mit Einschluss der südlichen Mauer 78 Ellen. Wir erhalten dann einen in seinen Verhältnissen ganz auf dem gleichseitigen Dreieck beruhenden Aufriss. Die Grundlinie des gleichseitigen Dreieckes gibt die Breite der Halle, die Höhe gibt die Höhe der Halle an.

5. Die Thore des äußern Heiligthums. Der weite, von diesen glänzenden Portiken umschlossene Hof war wahrscheinlich, wie heute noch, durch Baumgruppen belebt.[1] Dass er ganz mit mosaikartigem Pflaster belegt gewesen, wie Josephus[2] will, ist kaum annehmbar. Er wird dieselbe Unebenheit des Terrains gehabt haben, wie noch jetzt. „Auf ihm herrschte ein reges Leben. Namentlich an den Festtagen mochten der Zudrang von tausend und abertausend Fremden, der Lärm des Handelns um allerlei Opferthiere, das Gedränge um die Tische der Wechsler,[3] an denen man fremdes Geld gegen das zur Tempelsteuer nöthige einheimische umtauschte, das Brüllen der bereitgehaltenen Rinder und das vielstimmige Reden der Israeliten und der aus allerlei Volk erschienenen Proselyten gar merkwürdig und befremdlich erscheinen.[4] Durch die Scharen der Israeliten hindurch bewegen sich aber auch einzelne Heiden, welche ihre Neugierde befriedigen und wenigstens etwas von dem Gottesdienste des so ganz von allen andern Nationen abweichenden Judenvolkes sehen wollen. Bis in diesen äußern Vorhof ist ihnen der Zutritt gestattet."[5]

Zu diesem Hofe führen von Süden her zwei Thore, „Huldathore"[6] genannt. Wir haben oben[7] schon von ihnen gesprochen. Auf der Ostseite erwähnt Josephus kein Thor. Die Mischna dagegen[8] kennt daselbst das Susathor, auf welchem das Bild der Stadt Susan zur Anerkennung der Oberhoheit der Perser angebracht war und durch welches der Hohepriester am

---

[1] Vgl. Ps. 91, 13 f. Plantati in Domo Domini, in atriis Domus Dei nostri florebunt.
[2] Joseph. Bell. J. V, 5, 2; VI, 18, 32.
[3] L'Empereur zu Middoth 2, 3 über die Tabernae vendentium et numulariorum (Matth. 21, 12). Vgl. Rosch-Hoschanna, fol. 31, und Schekalim, c. 1 u. 5.
[4] Vgl. Matth. 21, 12; Marc. 11, 15; Luc. 19, 45; Joh. 2, 14. — [5] Spieß, a. a. O., S. 17 f.
[6] Middoth 1, 3. Der Name wird am besten vom hebr. Hulda, d. i. Maulwurf, abgeleitet, wegen der den Maulwurfsgängen ähnlichen Thorgänge. Vgl. J. Loeb, Les portes dans l'enceinte du temple d'Hérode, Paris 1879. Andere denken an die Prophetin Hulda, die vielleicht in der Nähe auf dem Ophel ihre Wohnung gehabt. Vgl. IV Reg. 22, 14; II Par. 34, 22.
[7] S. 71. — [8] Middoth 1, 3.

Versöhnungstage die rothe Kuh zum Ölberge hinausführte. Im Obergemach dieses Thores hatte ein kleiner Sanhedrin, als erste Instanz für wichtige Fälle, seinen Sitz.[1] Ein Thor auf der Nordseite wird sowohl von Josephus[2] als vom Talmud[3] erwähnt. Die Bedeutung des Namens Tadi- oder Teri-Thor ist noch nicht genügend erklärt. Während der Talmud im Westen nur ein Thor, das Kiponos-Thor,[4] kennt, führt Josephus deren vier auf.[5] Das eine führte, die Schlucht des Tyropöon überschreitend, nach dem Westhügel der Stadt zum Palaste der Hasmonäer und dem sogenannten Xystus-Platze. Es ist vielleicht das alte Schalecheth-Thor (das heutige Silsele-Thor), an dem Damme, den wir früher (S. 54) kennen gelernt haben, und auf dem die Wasserleitung und die alte Stadtmauer das Thal überschreiten. Zwei andere Thore verbanden nach Josephus den Tempel mit der Vorstadt, d. i. mit dem Stadttheile, der in dem Winkel zwischen dem Südwest-Hügel und dem nördlichen Theile der Westseite des Tempels liegt. Sie dürften etwa den heutigen Thoren Bab-el-Kattanin und Bab-en-Nazir entsprechen. Das vierte endlich führte zu der „andern Stadt" oder Unterstadt, d. i. zu dem auf dem Südost-Hügel und in dem Tyropöon gelegenen Stadttheile. Man identificiert es meistens mit dem El-Borak- oder Barclays-Thore (auf Tafel VI bei *A*). Heute ist dasselbe zur Hälfte verschüttet. Von der Hochfläche des Haram führte eine Treppe zu diesem Thore, ähnlich wie dies bei den Thoren der Südseite der Fall war, hinab.[6] Andere denken an das, an der Westseite der dreifachen Halle gelegene

---

[1] Ebendaselbst. Es scheint, dass der Talmud hier den alten vorherodianischen Vorhof im Auge hat. Zur Zeit des Herodes wird man jedenfalls nicht mehr das Zeichen der persischen Oberhoheit geduldet haben. Der Talmud berichtet auch, dass dieses Thor nicht in der Mitte der östlichen Mauer, sondern der Tempelfronte gegenüber gelegen habe. Das passt auch nur auf den vorherodianischen Tempel, in welchem das Tempelhaus nicht in der Mitte des Vorhofes lag (siehe oben S. 55). Das heutige, sogenannte goldene Thor ist jedenfalls, so wie es jetzt ist, ein Werk späterer römischer Zeit. Es wird von den Arabern Bab ed Saharije oder er Rachme, d. i. Gnadenthor, genannt. Durch dasselbe zog Kaiser Heraclius 629 mit dem heiligen Kreuze in die Stadt ein. Auch Peter der Einsiedler hielt hier seinen Einzug, weil es das Thor sei, durch welches der göttliche Heiland am Palmsonntag den Tempel betreten. Die Anlage der Thorhalle ist ähnlich der des Doppelthores an der Südseite des Haram. Es ist heutzutage vermauert. Vgl. Sepp, Jerusalem, I., S. 134 ff.
[2] Bell. J. II, 19, 5.
[3] Middoth I, 3.
[4] Auch dieser Name ist noch nicht erklärt. Vgl. Loeb, Les portes dans l'enceinte du temple d'Hérode, Paris 1879.
[5] Joseph. Antt. XV, 11, 5. Wahrscheinlich lässt sich die Verschiedenheit der Angaben des Josephus und des Talmud daraus erklären, dass ersterer die Herodianische, letzterer die alte Tempelumfassung berücksichtigte.
[6] Rosen, Das Haram. S. 17 ff.

Thor, von welchem eine Treppe über den Robinsonsbogen ins Tyropöon geführt habe.[1]

6. **Die Tempelburg Antonia.** Wenn wir von den äußern großen Umfassungen des Tempelhofes reden, dürfen wir die an der Nordwest-Ecke desselben gelegene **Tempelburg Antonia** nicht übergehen.[2] An der Stelle dieser Burg, auf einer Felskuppe, die den Tempel überragte, müssen wir schon zur Zeit des Nehemias die Thürme Hananeel und Mea[3] der alten Stadtbefestigung suchen. Hyrkan I. (135—106 v. Chr.) erbaute sich hier eine feste Burg, Baris,[4] deren einer Thurm Stratons-Thurm genannt wurde. Sie war der Schauplatz vieler Kämpfe. Herodes erkannte die Wichtigkeit dieses Platzes und, noch ehe er den Tempelbau begann, baute er diese Burg zur Citadelle der Stadt und zugleich zu einem Prachtschlosse um. Zu Ehren seines Freundes und Gönners, des Triumvirn Antonius, nannte er sie Antonia.[5] Bei der Erweiterung des Tempelplatzes kam sie in den Bereich des Heiligthums und diente fortan sowohl zur Vertheidigung des Tempels gegen außen als zur Beherrschung desselben bei etwaigen Empörungsversuchen des Volkes. Die nördliche und die westliche Halle des äußern Vorhofes stießen an den die Burg tragenden Hügel, der sich über den Tempelhof noch etwa 12 m hoch erhebt und an seiner steilen Abdachung mit Marmorplatten bedeckt war. Durch Treppen waren diese Hallen mit der Antonia verbunden. Auf ihnen stiegen die römischen Soldaten nieder, welche bei großem Zusammenströmen des Volkes an Festtagen von den flachen Dächern der Hallen aus die Wache hielten.[6] Diese Treppen spielen in der Geschichte des heiligen Paulus eine Rolle.[7] Oberhalb des felsigen Abhanges umgab eine Steinbrüstung von drei Ellen Höhe als Vormauer die thurmähnliche, über 40 Ellen hohe Burg, an deren vier Ecken

---

[1] Vielleicht aber auch ist das erste Thor, welches wir oben mit dem Silsele-Thor identificierten, gemeint; und es verband alsdann von hier aus eine Brücke über den Robinsonsbogen den Tempel mit dem Palaste. Daher wäre auch die Bezeichnung „königliche" Halle für die dreifache, mit dem Palaste in Verbindung stehende Halle erklärt. Siehe die Reconstruction dieser Brücke oder dieses Viaductes auf den Terrainkarten von Zimmermann. Unter den zwei Thoren, die zur Vorstadt führen, müssten wir dann das Silsele- und das Kattanin-Thor verstehen.

[2] Über ihre Lage: Joseph. Bell. J. V, 5, 8; I, 5, 4; 21, 1; Antt. XV, 11, 4. — [3] II Esdr. 3, 1: 12, 38.

[4] Joseph. Antt. XVIII, 4, 3; XV, 11, 4. Diese Baris oder Bira (d. i. Burg) ist nicht zu verwechseln mit der alten, im Süden des Tempels an der Stelle der Jebusiter- und Davids-Burg gelegenen „Akra der Syrer". Vgl. Rieß, Biblische Geographie; Klaiber in Z. D. P. V., III. u. IV. Bd.

[5] Bell. J. V, 5, 8; Antt. XV, 11, 4.

[6] Bell. J., a. a. O.; Antt. XX, 5, 5. Vgl. Bell. J. IV, 4, 6.

[7] Act. App. XXI, 35 u. 40; XXIII, 10.

Thürme von 50 Ellen Höhe vorsprangen. Der Thurm an der Südwest-Ecke hatte sogar eine Höhe von 70 Ellen.[1] Um die Nordseite der Burg und des Tempels zog Herodes einen tiefen Graben, dessen Rest im heutigen Birket Israin (fälschlich öfter als Bethesda-Teich bezeichnet) und in der Vertiefung der Via dolorosa bei der ersten und zweiten Station erhalten ist.

B. Das innere oder zweite Heiligthum, das Tempelhaus mit den Vorhöfen.

Inmitte des großen Tempelplatzes,[2] auf einem 3—4 m hohen[3] Felsplateau, dem natürlichen Gipfel des Berges, erhob sich der eigentliche Tempel, d. i. das Tempelhaus mit den es umgebenden Höfen. Das Felsplateau, das heute den Felsendom der Mohamedaner, die Cubbet-es-Sakra, und seinen Vorhof trägt, ist im wesentlichen noch dasselbe, auf welchem ehemals der Tempel stand.[4]

Das Tempelhaus selbst und seine Vorhöfe blieben in der Hauptanlage dieselben, wie sie früher gewesen waren. Es war das Werk des Herodes in Bezug auf dieselben mehr ein Umbau des Bestehenden als ein Neubau. Die Höhen der einzelnen Terrassen, auf denen die Vorhöfe sich ausbreiteten, werden ebenfalls unverändert geblieben sein. Da uns die Maße derselben im Herodianischen Tempel genauer bekannt sind, bieten sie uns eine Hilfe, um die Höhenverhältnisse des Terrains bei den Vorhöfen des frühern Tempels zu bestimmen. Deshalb haben wir im Vorhergehenden uns öfter auf die uns besser bekannten und unverändert gebliebenen Terrainverhältnisse des Herodianischen Tempels berufen können. Dasselbe gilt von manchen andern Maßen des alten Tempels, auf die wir vom Herodianischen Bau zurückschließen konnten.

[1] Diese Höhe hatte der Thurm vielleicht vom Tempelplatze aus gerechnet.
[2] Joseph. Antt. XV, 11, 5.
[3] Über dem westlichen, tiefer gelegenen Theile der Haram-Fläche erhebt es sich bis gegen acht Meter.
[4] Der englische Architekt J. Fergusson hat die Ansicht aufgestellt und vertheidigt sie mit großem Aufwand von Scharfsinn, dass der Tempel mitsammt dem großen äußern Vorhof nur ein kleines Viertel der Haram-Fläche, im Südwest-Winkel derselben, eingenommen habe. Außer bei den Engländern Thrupp und Levin hat seine Ansicht übrigens keinen Beifall gefunden. Sie wird schon durch den Terrainbefund widerlegt, da der Gipfel des Berges, auf dem doch nach Josephus der Tempel erbaut wurde, in der Mitte des jetzigen Harams liegt, die Südwest-Ecke aber künstlich durch Substructionen hergestellt ist. Siehe auch oben S. 50, Anm. 7.

1. Das Tempelhaus.[1]

a) Größe. Herodes vergrößerte das Tempelhaus mit Beibehaltung des alten Grundrisses und der Fundamente.[2] Er erhöhte das Ganze und gab der Vorhalle eine größere Breite. Indem er, wie Josephus wenigstens berichtet, von der (falschen) Voraussetzung ausgieng, der Tempel Salomons sei 120 Ellen hoch gewesen, wollte er diese Höhe auch der Fronte seines Tempels geben. Das Plateau, auf dem der Tempel stand, erhob sich aber schon um ungefähr 20 Ellen über den großen Vorhof. Er gab nun der Vorhalle eine Höhe von 100 Ellen und erreichte damit eine Gesammthöhe des Tempels (vom äußern Tempelplatze an gerechnet) von ungefähr 120 Ellen.[3] Der Höhe der Halle entsprechend, gab er derselben auch eine Breite von 100 Ellen.[4] Letzteres erreichte er dadurch, dass er die beiden Seitenkammern der Vorhalle zum Innenraum der Halle zog und außerhalb wieder entsprechende Räume anfügte. Diese beiden neu hinzugefügten Räume, die sogenannten Schlachtmesser-Kammern, werden nach jüdischer Überlieferung auf 15 Ellen Länge und eilf Ellen Breite berechnet.[5] Das Innere der Halle wurde somit 50 Ellen breit, wie auch Josephus bestätigt,[6] während es früher nur 20 Ellen breit gewesen war.[7]

Die Maße des Tempels von Osten nach Westen blieben im allgemeinen dieselben wie früher. Die Gesammtlänge des Tempels betrug wiederum 100 Ellen. Für die Tiefe der Vorhalle mit den Mauern können wir wiederum 22 Ellen rechnen, für die Tiefe des Innern allein eilf Ellen,[8] für die westliche Mauer sechs Ellen, für die östliche fünf. Den an den beiden Seiten der Vorhalle neu hinzugefügten Kammern aber müssen wir stärkere Mauern geben.

---

[1] Von Josephus ὁ ναός das Schiff, vom Talmud Heekal oder große Raum genannt.

[2] Joseph. Antt. XV, 11, 3. Dort heißt es zwar: sublatis veteribus fundamentis et jactis aliis, erexit super eis templum. Dieses wird sich wohl auf Verstärkung der Fundamente beziehen. Jedenfalls wurden die Fundamente nicht an einer andern Stelle oder in anderer Richtung gelegt.

[3] Genau 117 Ellen. Darüber später. Die Stelle in Antt., a. a. O., wo Josephus sagt, dass Herodes den Tempel eigentlich 120 Ellen hoch gebaut habe, dass aber, als sich die Fundamente einmal gesetzt hätten, 20 Ellen von den 120 eingegangen seien :), kann nur nach obiger Erklärung einen vernünftigen Sinn bekommen.

[4] Bell. J. V, 5, 4; Middoth 4, 6. Es ist dies eine Bestätigung für unsere Annahme, dass auch die Vorderfronte des frühern Tempels ein Quadrat gebildet habe. Die südliche und nördliche Schmalseite der neuen Vorhalle im Herodianischen Bau kommen genau auf die südliche und nördliche Vorhofsmauer des alten Tempels zu stehen. Deshalb war schon eine Erweiterung, respective Erbreiterung dieses Vorhofes nothwendig, welche wir später kennen lernen werden.

[5] Kolbe, Archäologische Beschreibung Jerusalems, S. 48. — [6] Bell. J. a. a. O. — [7] siehe oben S. 27.

[8] Middoth 4, 7.

Josephus berichtet bei Gelegenheit der Beschreibung der Zerstörung des Tempels, dass hier einzelne Mauern acht Ellen stark gewesen seien.[1] Dann erhalten wir für diese Theile der Vorhalle eine west-östliche Breite von 27—28 Ellen. Die Kammern an der Westseite, hinter dem Raum des Allerheiligsten, wurden sechs Ellen breit, anstatt fünf Ellen wie früher. Durch diesen letztern Umstand gieng dem Innenraum des Tempels eine Elle seiner Länge verloren. Damit aber das Heilige die Länge von 40 Ellen und das Allerheiligste die von 20 Ellen behalte, ließ man die zwei Ellen starke hölzerne Zwischenwand zwischen beiden Räumen weg und brachte statt derselben nur zwei Vorhänge, die in einem Zwischenraum von einer Elle[2] voneinander abstanden, an.[3]

Die Kammern, die in drei Stockwerken den Tempel umgaben, erhielten eine Tiefe von sechs Ellen, wo sie früher nur fünf Ellen gehabt hatten. Das ganze Tempelhaus, abgesehen von der Vorhalle, wurde dadurch 54 Ellen breit. Parallel diesen Seitenkammern auf der Nord- und Südseite zieht sich nach dem Talmud noch eine fünf Ellen dicke Mauer. Der Zwischenraum zwischen dieser Mauer und den Seitenkammern des Tempelgebäudes beträgt drei Ellen und scheint auf der Südseite für die Wasserrinnen, auf der Nordseite für Aufnahme einer Treppe, hauptsächlich aber wohl als Schutzmauer für die Kammern gedient zu haben.[4] Dadurch erhielt der westlich von der Vorhalle liegende Theil des Tempels eine Breite von 70 Ellen.

Im übrigen blieb der Grundriss des Tempelhauses unverändert.

Dagegen vergrößerte Herodes alle Höhenmaße des Tempels in prunkhafter Weise. Nachdem die Vorhalle die bedeutende Höhe von 100 Ellen oder 50 m erhalten, gab Herodes dem eigentlichen Tempelraum, d. i. dem Heiligen und Allerheiligsten,[5] im Innern eine Höhe von 40 Ellen und überbaute beide Räume noch mit einem Obergemach.

[1] Bell. J. VI, 5, 1.
[2] Der Zwischenraum zwischen dem Heiligen und dem Allerheiligsten hieß Middoth IV, 7; Taraxin oder Tarakasis. Dieses seltsame Wort wird im Talmud Jerusal. Kilaim, f. 31, col. 3, von A. Jona erklärt als: „auswendig und inwendig". Die Baumeister hätten nämlich Zweifel gehabt, ob die Trennungsmauer früher auf dem Boden des Allerheiligsten oder des Heiligen gestanden habe. Sie hätten deshalb einen freien Raum an Stelle der Trennungswand gelassen, den man der innern oder der äußern Abtheilung zurechnen könnte. L'Empereur leitet das Wort Taraxis ab vom Hebräischen רקם = conclusit. Zu Middoth 4, 7 vgl. Glossa zu Joma, fol. 52, und Baba Bathra, fol. 3, c. 1. — [3] Middoth 4, 7.
[4] Verschiedene kleine Notizen des Talmud über drei den Stockwerken entsprechende Galerien oder Gänge in diesem Zwischenraume, von denen Thüren zu den einzelnen Zellen geführt hätten, sind unklar und, wie es scheint, mit sich selbst in Widerspruch.
[5] Nach einer Überlieferung des Talmud Talm. Babyl. Joma 77 b, die sich wahrscheinlich auf Ezech. 47 stützt, soll im Allerheiligsten eine kleine Quelle entsprungen sein, die durch das Ostthor hinausfloss.

Dieses Obergemach soll nach Josephus und Talmud ebenfalls 40 Ellen in der Höhe gehabt haben, so dass der ganze westlich von der Vorhalle gelegene Raum mit einer sechs Ellen hohen Terrasse, auf der das ganze Tempelhaus stand, der drei Ellen starken Zwischendecke, dem fünf Ellen einnehmenden Dachwerke und endlich einer drei Ellen hohen, sich rings um das Gebäude ziehenden Brüstung, sowie einer eine Elle hohen, aus vergoldeten, dicht gestellten Metallspitzen oder Spießen bestehenden Vogelwehr, gleich der Vorhalle eine Höhe von 100 Ellen erreicht habe.[1]

Eine Höhe des Obergemaches von 40 Ellen ist aber, wenn wir auch alle andern angegebenen Maße als richtig annehmen, eine Unmöglichkeit. Ein nach obigen Maßen ausgeführter Bau wäre eine architektonische Monstrosität. Die Vorhalle muss vielmehr, wie sie zu beiden Seiten über den Tempel hervorragte, auch in verticaler Richtung das Tempelhaus überragt haben. Dieses ist übrigens auch ziemlich allgemein anerkannt. Josephus scheint uns, ohne es zu wollen, auf die rechte Spur zu führen und unsere Annahme zu bestätigen. Er gibt dem Tempelraum (dem Heiligen und Allerheiligsten) im Innern eine Höhe von 60 Ellen und dem Oberraum eine solche von 40 Ellen. Diese Maße können nicht richtig sein, da wir alsdann mit dem Dachwerke und dem Zwischenboden eine Gesammthöhe von mehr als 100 Ellen bekämen, der Tempel also die Vorhalle noch überragen würde. Nehmen wir aber das Maß von 60 Ellen als das Maß der Gesammthöhe, des Heiligen und des Oberraumes, so dass wir für ersteres 40 Ellen, für letztern 20 erhalten, so werden wir wohl auf dem rechten Wege sein.[2] Der Oberraum diente zu nichts als um dem Tempel nach außen hin ein größeres, pompöseres Aussehen zu geben.

Mit dem Dachwerke, der Brüstung, der Zwischendecke zwischen Heiligem und Oberraum, und mit dem sechs Ellen hohen Unterbau erreichte somit der Tempel ohne Vorhalle eine äußere Höhe von 77 Ellen, während die Vorhalle ebenfalls mit Einschluss der Brüstung und dem sechs Ellen hohen Unterbau eine Höhe von 100 Ellen hatte.

Die Höhe der den Tempel auf drei Seiten umgebenden dreistöckigen Kammern beträgt 40 Ellen, gleich der Höhe des Heiligen, ihre Breite ist 54 Ellen. Mit dem sechs Ellen hohen Unterbau und dem fünf Ellen starken

---

[1] Middoth 4, 6; Bell. J. V, 5, 6. Rabi Jehuda behauptet, dass die obere Brüstung nicht drei, sondern vier Ellen hoch gewesen.

[2] Entsprechend seiner Angabe, dass der untere Raum allein schon 60 Ellen hoch gewesen, gibt Josephus auch der Eingangsthür zu demselben eine Höhe von 56 Ellen bei 16 Ellen Breite, während der Talmud nur eine Thür von 20 Ellen Höhe kennt.

Dachwerke, der drei Ellen hohen Gallerie, erreichten sie eine Höhe von 54 Ellen[1] (also die gleiche Höhe wie die Breite), ohne eine solche Gallerie 51 Ellen.[2] Jede der Kammern erhält darnach zwölf Ellen Höhe, die Zwischenböden zwischen den einzelnen Stockwerken je zwei Ellen. Im ganzen waren es 38 solcher Kammern;[3] auf den beiden Langseiten in jedem Stockwerke je fünf, auf der Schmalseite in den beiden untern Stockwerken je drei, im obern nur zwei.

Für das Tempelhaus haben wir somit die Höhenmaße 54 (resp. 51), 78 und 100 Ellen.

Durch diese Höhenmaße ist auch die Eintheilung oder horizontale Gliederung der Fronte der Vorhalle gegeben, indem die Architektur verlangt, dass die Hauptgesimse sowohl des dreistöckigen Anbaues als des mittlern Hochbaues auf der Fronte der Vorhalle fortgeführt werden. So erhalten wir eine ganz bestimmte und überaus harmonische Eintheilung dieser letztern. Für die verticale Gliederung der Fronte müssen die innere Breite der Vorhalle und die Breite der zu beiden Seiten hervorragenden „Schultern"[4] maßgebend sein. Einen demgemäß durchgeführten Entwurf dieser Vorhalle siehe auf Tafel X.

Das Thor der Vorhalle wird vom Talmud[5] auf 40 Ellen Höhe und 20 Ellen Breite angegeben. Darnach müssen wir uns dasselbe mit einem Bogen überspannt denken; denn eine horizontale Oberschwelle von 20 Ellen Länge ist unmöglich, wenn auf derselben noch eine hohe Mauer ruhen soll. Josephus gibt diesem Thore die unmöglichen Maße von 70 Ellen Höhe und 25 Ellen Breite im Lichten.[6]

Demnach ist die gesammte Eintheilung der Vorderfronte beinahe mit Nothwendigkeit gegeben. Alles übrige, was unser Entwurf (Tafel X) hat, dürfte durch die Gesetze der damaligen römisch-griechischen Architektur gerechtfertigt sein.

Zu dem großen Thore der Vorhalle führten zwölf Stufen, welche je eine halbe Elle hoch und eine Elle breit waren.[7] Die vierte und siebente Stufe

---

[1] Josephus rechnet gemäß seiner irrigen Annahme von 60 Ellen innerer Höhe des Heiligen für jedes der drei Stockwerke im Innern je 20 Ellen Höhe.
[2] Diese Zahl stimmt mit der Rechnung in Middoth 4, 6.
[3] Middoth 4, 3. — * Joseph. Bell. J. V, 5, 4.
[4] Middoth 3, 7. — * Joseph. Bell. J. V, 5, 4.
[5] Sonst sind alle Stufen im ganzen Tempel je eine halbe Elle hoch und breit.

jedoch bildeten Absätze von je drei Ellen Breite, die oberste einen solchen von vier Ellen.[1]

Das Thor der Halle hatte keine Thürflügel und auch, wie wenigstens, trotz der gegentheiligen Ansicht des Talmud, wahrscheinlich ist, keinen Vorhang. Denn nach Josephus bezeichnete es das allseitig sichtbare und offene Firmament.[2] Man sah durch dasselbe die innere Tempelwand, die von Gold strahlte, und den Leuchter der Königin Helene von Adiabene, der über der innern Tempelpforte hieng und beim Sonnenaufgang funkelte.[3]

Über diesem äußern Thore der Vorhalle hatte Herodes in unkluger Weise zum Anstoß für die Juden den Namen seines Gönners Agrippa und einen großen goldenen Adler[4] anbringen lassen. Bei der irrigen Nachricht vom Tode des Herodes zerstörten einige übereifrige Jünglinge den Adler, mussten aber ihre That mit dem Tode büßen.

Einen eigenthümlichen Schmuck dieses Thores erwähnt noch der Talmud.[5] Nach ihm sollen als Oberschwelle fünf mit Sculpturen versehene Eichenbalken gedient haben, und zwar in Zwischenräumen, die mit Stein- oder Mauerwerk ausgefüllt waren. Jeder höherliegende Balken ragte an beiden Enden um je eine Elle über den darunterliegenden hinaus, so dass der oberste eine Länge von 30 Ellen hatte. Vielleicht ist hier eine Entlastungs-Construction für eine hölzerne Oberschwelle gemeint.[6] Wir gestehen, keine architektonisch passende Lösung zu finden und sind geneigt, diese Notiz des Talmud auf den alten Tempel zu beziehen. Vielleicht ist dasselbe gemeint, was Ezechiel im 41. Capitel beschrieben und was bisher auch noch nicht klargestellt ist.[7] Es bleibt daher

[1] Middoth 3, 6. Die oberste Stufe wird auch (ebendaselbst) zu fünf Ellen in der Breite angegeben.
[2] Coelum undique conspicuum et ubique patens. Bell. j., l. c. — [3] Joma 3, 10.
[4] Bell. J. 1, 21, 8; 33, 2; Antt. XVII, 6, 2 - 4. — [5] Middoth 3, 7.
[6] Die Balken sind mit Blumen und Guirlanden geschmückt (L'Empereur und Bartenoro). Maimonides sagt zu Middoth 3, 7: "Series quaedam lapidum erat inter quodlibet Maltera (d. i. ein geschnitzter Balken), etsi enim unaquaeque trabes Maltera in terram se extenderet... tamen una super alteram tendebat et non omnes in una erant superficie, nisi donec ad posticum Ulam (Vorhalle) pervenisset, sicuti res exterius poeminens, uti in magnis aedificiis videre licet; ita est figura illius." Darnach wäre nun an einen Vorbau, eine Art von Vordach zu denken.
[7] Ezech. 41, 25 (vgl. III Reg. 7, 6 Grossiora ligna. Es scheint ein Epistylium, ein vorspringendes Dach zu sein. Vgl. hiezu: Smend, Der Prophet Ezechiel, l. h. l., und Reber, Kunstgeschichte, S. 129. — Fergusson versucht in origineller Weise die Lösung. Auf zwei Holzsäulen, die zu beiden Seiten des Thores, etwa eine Elle von der Mauer entfernt, stehen, ruht ein Balken-Gitterwerk aus fünf wagrechten und vier senkrechten Balken. Über diese Balken lässt er, wie über ein Gartenspalier, den großen goldenen Weinstock herunterhängen, von dem wir noch reden werden. Wäre dieser Weinstock vor dem Tempel gewesen, was aber nicht der Fall ist, so wäre die Lösung Fergussons sehr annehmbar. Eine Abbildung der Tempelfronte nach Fergusson siehe in: The building news vom 13. Sept. 1878. Fergusson hatte offenbar zum Vorbilde

nichts übrig, als das große Thor mit einem Bogen zu überspannen. Von Säulen die etwa eine Oberschwelle tragen, lesen wir nichts.

b) **Innere Einrichtung.** Das Thor, das von der Vorhalle zum Heiligen führte, war 20 Ellen hoch und zehn Ellen breit. Es wird das „große Thor" oder das „Tempelthor" im eigentlichen Sinne genannt und war mit zweifachen Thüren versehen. Die eine befand sich auswärts. Geöffnet bedeckten ihre Thürflügel die Laibung des Thores. Die andere nach innen zu bedeckte mit den geöffneten Thürflügeln die Theile der östlichen Wand zu beiden Seiten des Thores.[1] Ein großer Vorhang hinderte auch bei geöffneter Thüre den Einblick für das draußen stehende Volk.[2] Zu beiden Seiten dieses großen Thores befanden sich noch zwei Nebenthürlein, durch die man aus der Vorhalle durch einen in der Mauer angebrachten Gang zu dem Raume gelangen konnte, der zwischen den beiden genannten Thüren war. Auf diesem Wege gieng am Morgen der Priester, das Thor zu öffnen. Er schloss das innere Thor von außen und das äußere Thor von innen auf.[3] Die Thürflügel selbst strahlten von Gold.

Über dieser Thüre, unter dem Thürgesimse,[4] hieng ein großer goldener Weinstock[5] mit Trauben, wie Josephus sagt, von Mannesgröße, das Symbol Israels.[6] Durch denselben erstrahlte die ganze Umgebung dieser Pforte in reichstem Golde.[7]

Die Dimensionen des Heiligen sind schon oben angegeben. In ihm standen: ein siebenarmiger Leuchter, der Schaubrottisch und der Rauchopfer-Altar.[8]

---

für seine Idee die Tempelfronte von Sanchi in Hindostan, deren interessante Abbildung die Missions catholiques von 1882, S. 151, und The building news, 1886 (Augustheft) brachten.

[1] Middoth 4, 2. Vgl. Grätz, Die Höfe und Thore des zweiten Tempels, in der Monatsschrift für Geschichte und Wissenschaft des Judenthums, 1878, 2. Heft. In Tamid 3, 8 wird erzählt, dass der Schall beim Öffnen dieses Thores bis nach Jericho gehört wurde, d. i. auf eine Strecke von 8000 m. Josephus gibt diesem Thore eine Höhe von 50 Ellen und eine Breite von 16 Ellen. Vgl. Anm. 2 zu S. 79.

[2] Darum sieht das Volk nicht, was mit dem Priester Zacharias (Luk. 1, 21) im Innern des Heiligen vor sich geht.

[3] Vgl. Grätz, Eine dunkle Stelle in der Beschreibung der Tempeleinrichtung, Monatsschrift für Geschichte und Wissenschaft des Judenthums, 1880, 7. Heft.

[4] ἐπὶ τῶν θυρωμάτων. Antt. XV, 11, 3.

[5] Middoth 3, 8; Antt. XV, 11, 3; Bell. j. V, 5, 4. Nach andern jüdischen Überlieferungen hieng er an Balken, die quer durch die Halle gezogen und von Pfeilern zu beiden Seiten der Thüre getragen waren. Vgl. L'Empereur zu Middoth 4, 2.

[6] Vgl. Ps. 79, 9 ff.; Is. 5. Vgl. das schöne Relief eines Weinstockes über dem aus dem dreizehnten Jahrhundert stammenden Portale der alten Synagoge zu Prag.

[7] Bell. j. V, 5, 4. Perque eam (sc. portam exteriorem) prima aedes (d. i. die Vorhalle) intus tota apparebat, quae maxima erat; quaeque circa interiorem templi portam erant, tota auro coruscantia aspicientibus occurrebant.

[8] Bell. j. 1, 7, 6; VII, 5, 5. Diese Geräthe wurden bei der Zerstörung des Tempels durch Titus mit nach

Das Allerheiligste war leer. Ein drei Zoll hoher Stein bezeichnete die Stelle, wo die Bundeslande gestanden.¹ Auf ihn wurde das Blut gesprengt und das goldene Weihrauchfass niedergestellt, wenn der Hohepriester am Versöhnungsfeste diesen sonst unnahbaren Raum betrat.

Schon oben (S. 78) wurden die zwei Vorhänge erwähnt, welche das Heiligste vom Heiligen trennten. Sie waren jeder eine Handbreite (palma) stark.² Beide zusammen galten nur als ein Vorhang, als der „zweite Vorhang".³ Dieser war es, der beim Tode des göttlichen Heilandes von oben bis unten zerriss,⁴ nachdem das vorbildliche Opfer und damit der ganze Tempel bedeutungslos geworden waren.

Der Oberraum, der sich über dem Heiligen und dem Allerheiligsten hinzog, war leer. Man gelangte zu ihm auf einer Treppe an der Nordseite der Seitenkammern, welche zunächst auf das Dach dieser Kammern führte. Dort befand sich in dem Winkel, der von der Südseite des Oberbaues und der Vorhalle gebildet wurde, eine Thüre.⁵

2. Die beiden innern Vorhöfe.

a) Größe derselben. Um das Tempelhaus dehnte sich zunächst, wie im frühern Tempel, der Priesterhof aus. Seine frühere Länge von 189 Ellen⁶ behielt er bei. Mit Einschluss der beiden Mauern, deren westliche sechs Ellen

---

Rom geführt und daselbst im Triumphzuge getragen. Ihre Abbildung ist am Titusbogen in Rom erhalten. Sie wurden im Friedenstempel aufgestellt und sollen später nach Constantinopel gekommen sein.
¹ Vgl. S. 24.
² Joma 5, 1; Schekalim 8, 5. Die schweren Vorhänge waren auf 72 Einschlagschnüren gewebt, jede Schnur bestand aus 24 Fäden. Sie waren 40 Ellen lang und 20 breit. Beide wurden alljährlich erneuert und bevor sie aufgehängt wurden, zur Ansicht ausgestellt. Vgl. Malmonides, Kelē ha mikdasch, c. VII, § 18. (Bekanntlich wird auch die große Decke, welche die Kaaba in Mekka verhüllt, alljährlich erneuert.) An oder in dem äußern Vorhofe des Tempels sollen drei Räume zur Anfertigung der verschiedenen Vorhänge des Tempels gewesen sein. Jungfrauen webten dieselben unter einem eigenen Beamten. Vgl. Schekalim 8, 5. Im apokryphen Proto-Evangelium, C. 7, 8 u. 10, und in dem Pseudo-Matthäus-Evangelium, C. 8, heißt es, dass die seligste Jungfrau mit den Tempeljungfrauen an dem Vorhange des Allerheiligsten gewebt habe und dass ihr der rothe Purpurfaden zu spinnen zugefallen sei. Sieben makkellose Jungfrauen aus dem Stamme Juda spannen nämlich die sieben Fäden: Gold, Amiant, Byssus, Seide, Hyazinth, Scharlach, Purpur. — In Olympia waren 16 Frauen beim Tempel der Here beschäftigt, den Peplos (Prachtteppich) der Göttin zu weben. In IV Reg. 23, 7 kommen Wohnungen am Tempel vor für Frauen, welche die Zelte für die Haingöttin (Astarte) weben. Vgl. Ezech. 16, 16.
³ Hebr. 9, 3. — ⁴ Matth. 27, 51; Marc. 15, 38; Luk. 23, 45. Vgl. S. 63, Anm. 3.
⁵ Middoth 4, 5.
⁶ Middoth 5, 1. Hier wird die Länge zwar auf 187 Ellen berechnet. Es ist aber zu bemerken, dass erstens bei dieser Berechnung die unten zu erwähnenden, eine Elle breiten Stufen zwischen dem Israeliten- und

und deren östliche fünf Ellen stark war, betrug er also wiederum 200 Ellen in der Länge. Auch die Eintheilung blieb dieselbe, so dass westlich vom Tempelhause eilf Ellen, östlich aber 78 Ellen erübrigten. Die Breite dagegen von Norden nach Süden ward bedeutend vergrößert. Schon wegen der Erbreiterung der Tempel-Vorhalle war diese Vergößerung nothwendig geworden. Herodes entfernte also die nördliche und die südliche Mauer und erweiterte den Vorhof bis an die alte Außenmauern, welche die Kammern und Thorbauten nach Norden und Süden zu abgeschlossen hatten. Der Vorhof wurde demnach 135 Ellen breit.[1] An diese Mauer wurden nach auswärts wiederum neue Kammern und Thorthürme angebaut. Wir dürfen ihnen eine innere Tiefe von 20 Ellen geben.[2] Die neue äußere Umfassungsmauer dieser Kammern müssen wir als sehr stark annehmen. Josephus spricht bei Gelegenheit der Belagerung durch Titus von ihrer ungeheuren Stärke und Festigkeit.[3] Sie allein war den Angriffen der Belagerer ausgesetzt, da an der Ost- und Westseite der Raum für einen Angriff zu gering war. Wir dürfen somit die ganze Breite der Anlage auf 200 Ellen annehmen. Die Mauern würden dann je sechs Ellen stark sein. Aus diesen Mauern springen die Thorthürme noch je um etwa eine Elle vor, so dass wir mit Einschluss derselben dem Ganzen eine Breite von 202 Ellen geben müssen.

Der östlich gelegene Frauenhof[4] bildete nach dem Talmud wiederum ein Quadrat, wie im alten Tempel, aber, dem Priesterhofe entsprechend, jetzt ein Quadrat von 135 Ellen.[5] Trotz dieser bestimmten Angabe der Mischnah aber halten wir es für besser, ihm zwar die Breite von 135 Ellen zu geben, aber seine Länge von nur 90 Ellen nicht zu verändern. Viele Andeutungen bei Josephus und im Talmud lassen schließen, dass er nicht sehr bedeutenden Umfanges gewesen.[6] Dass der Talmud ein Quadrat angibt, ist wohl nur eine Erinnerung vom alten Tempel her.

Die Länge beider Vorhöfe zusammen betrug somit, wenn wir die Priesterhof nicht in Betracht gezogen worden, dass zweitens die Treppe, die zum Tempelthor hinaufführte, auf 19 Ellen angegeben wird, während sie, wie wir früher (S. 81, Anm. 1) sahen, auch 20 Ellen gehabt haben kann.

[1] Middoth 5, 2.
[2] Josephus gibt ihnen sogar (Bell. J. V, 5, 3) 30 Ellen in der Tiefe. Er dürfte aber wohl wieder, wie so häufig, Fuße mit Ellen verwechselt haben.
[3] Bell. J. VI, 4, 1. — [4] Siehe S. 33 u. 34. — [5] Middoth 2, 5.
[6] Es wäre auch wenig Raum gewesen, um den Vorhof nach Osten hin zu verlängern. Vgl. Tafel VI. Fergusson nimmt daher nur 35 Ellen west-östlicher Länge an.

Umfassungsmauern mitrechnen, 296 Ellen, ihre Breite 200 Ellen, mit den vorspringenden Thorthürmen 300 Ellen und 202 Ellen.

Auf drei Seiten[1] umgab wiederum ein Damm (Chel), zehn Ellen breit, die Umfassungsmauer. Zu derselben führten zwölf Stufen, à eine halbe Elle in der Höhe und in der Breite, hinauf. Die Gesammtbreite der ganzen Anlage beträgt darnach 234 Ellen, die Gesammtlänge 312 Ellen wie früher.

Dieses ganze „innere Heiligthum" oder der eigentliche Tempel ist im Gegensatze zu dem großen äußern Vorhofe einzig und allein nur den Israeliten zugänglich.[2] Es ist darum von einer drei Ellen hohen Balustrade (im Hebr. Soreg, im Griech. τρύφακτος, d. i. Zaun, genannt) eingefasst, welche den Thoren gegenüber Eingänge freilässt.[3] An letzteren waren Tafeln aus Stein angebracht mit lateinischen und griechischen Inschriften, welche allen Nichtjuden das weitere Vordringen unter Todesstrafe untersagte. Eine derselben wurde in neuerer Zeit von Clermont-Ganneau in Jerusalem aufgefunden und befindet sich jetzt als einzige Reliquie des Tempels im Museum zu Constantinopel. Sie lautet:

Μηθένα ἀλλογενῆ εἰσπο-
ρεύεσθαι ἐντὸς τοῦ πε-
ρὶ τὸ ἱερὸν τρυφάκτου καὶ
περιβόλου. ὃς δ' ἂν λη-
φθῇ ἑαυτῷ αἴτιος ἔσ-
ται διὰ τὸ ἐξακολου-
θεῖν θάνατον.

In deutscher Übersetzung: „Kein Fremder möge sich unterstehen, über den Tryphactus und die Einfassung, welche das Heiligthum umgeben, hinaus vorzudringen. Derjenige, der innerhalb desselben betroffen wird, ist der Todesstrafe verfallen."

b) Einrichtung. Der Brandopfer-Altar stand in der Mitte des Platzes vor dem Tempelhause. An seiner Grundfläche bildete er ein Quadrat von 32 Ellen. Er war zehn Ellen hoch.[4] Zu unterst befand sich das sogenannte „Fundament" oder der „Fuß" (Isod), d. i. die eine Elle hohe Unterlage von 32 Ellen im Quadrat. Auf ihm erhob sich der Altar, zunächst als ein Quadrat von 30 Ellen bei fünf Ellen Höhe, dann kam ein Absatz von einer Elle als

---

[1] Bell. J. V, 1, 5. An der Westseite war kein Chel. — [2] Bell. J. V, 5, 2; Kelim 1, 8. — [3] Ebendaselbst.
[4] Middoth 3, 1; Sebachim, f. 52 a. Josephus gibt andere Maße: 50 Ellen im Quadrat und 15 Ellen Höhe. Setzen wir wiederum statt Ellen „Fuß", so stimmen seine Angaben mit denen der Mischna.

Umgang (Sobeb) für die dienstthuenden Priester. Nachdem der Altar sich als ein Quadrat von 28 Ellen noch drei Ellen hoch erhoben, bildete er einen zweiten Umgang von einer Elle Breite und stieg noch eine Elle höher. Hier hatte er noch 26 Ellen Breite. Auf den obern Ecken erhoben sich die vier Hörner. Sie waren eine Elle hoch und breit und nach außen zugespitzt. Das von denselben eingeschlossene Quadrat von 24 Ellen bildete den eigentlichen Feuerherd.[1] Zu dem für die Priester bestimmten obern Umgang führte von Süden her ein 16 Ellen breiter und 32 Ellen langer Aufgang oder Damm (Kebes, d. i. Steg). Zu beiden Seiten desselben gelangte man auf kleineren solchen Aufgängen[2] von sieben Ellen Breite einerseits zu dem „Fuße", andererseits zu dem untern Umgange (Sobeb) des Altares. — Auf dem Altare waren drei Feuerherde für

Der Brandopfer-Altar.

die verschiedenen Opfer. Das Feuer des Tamid oder des beständigen Opfers, welches jeden Morgen und jeden Mittag dargebracht wurde, brannte ohne Unterlass Tag und Nacht.

Westlich vom Aufgange zum Altare standen zwei Marmortische, auf welche man die Opferstücke niederlegte, bevor sie in feierlicher Weise auf den Altar getragen wurden.

An der Nordseite des Altars war der Schlachtungsplatz.[3] 24 Ringe am Boden, in vier Reihen so angebracht, dass jeder Ring vom andern um vier Ellen abstand, dienten zur Befestigung der Opferthiere beim Schlachten. Weiter nördlich standen acht Marmortische, auf denen die Opfer zertheilt

---

[1] Die betreffende Stelle im Talmud und in den Commentaren zu demselben sind nicht klar bezüglich des obern Theiles des Altars. Vgl. Glossa R. Salomonis in Gemaram, c. 6, bei L'Empereur.
[2] Auf der Zeichnung sind dieselben der Klarheit halber weggelassen.
[3] Middoth 3, 5; cf. 5, 2; Tamid 3, 5; Schekalim 6, 4.

wurden, nachdem sie an ebensovielen, hinter den Tischen befindlichen Pfählen ausgeweidet waren.

Der Vorhof der Priester wurde an drei Seiten, an der nördlichen, östlichen und südlichen, von einer eilf Ellen breiten überdachten Säulenhalle umschlossen. Den Platz unter der Säulenhalle nannte man den Vorhof der Israeliten.[1] Er hatte seinen Namen daher, dass daselbst die israelitischen Männer, sei es aus Devotion, wenn sie z. B. selbst ein Opfer darbrachten, sei es als officielle Vertreter des Volkes, von dem bei jedem Opfer 24 Männer anwesend sein mussten, beiwohnten. Ein Gitter zwischen den Säulen trennte die beiden Vorhöfe voneinander.[2] Der Priesterhof lag zudem noch um eine Elle höher als die Abtheilung für die Laien.[3] Es führten zwei Stufen zu ihm hinauf. Weitere drei Stufen führten an der östlichen Seite zu einem erhöhten Platze,[4] auf dem die levitischen Sänger standen.

Auch den Frauenhof, über den hinaus die Frauen nicht gehen durften, der aber für das ganze Volk der Hauptversammlungs- und Gebetsort war, umgab an drei Seiten eine von Säulen getragene Gallerie, von wo aus die Frauen dem Gottesdienste beiwohnten.[5] Er lag um 15 Stufen (oder $7\frac{1}{2}$ Ellen) tiefer als der Vorhof der Israeliten, dagegen um 17 Stufen (oder $8\frac{1}{2}$ Ellen) höher als der äußere große Tempelplatz. Von diesen 17 Stufen führten zwölf zu dem die Mauern umgebenden Damm, „Chel", und weitere fünf zu den Thoren.[6]

Die Thore. An den beiden Langseiten des Priesterhofes lagen je drei Thore, respective Thorthürme. Letztere erhoben sich über die 40 Ellen

[1] Bell. J. V, 5, 7. Vgl. Antt. XIII, 13, 5. Nach diesen Stellen kann kein Zweifel sein, dass der Vorhof der Israeliten den der Priester auf drei Seiten umgab, nicht bloß, wie vielfach angenommen wird, nur auf der Ostseite. Übrigens bezeugt ein alter Mischna-Tradent, Rabbi Schemaja, die Thatsache ausdrücklich: „Omnibus Israelitarum maribus, si confertissimi ad Templum congregati erant, postica et lateralia aedis spatia, quae atrio sacerdotum et altaris loco, intra atrii magni murum versus orientem succedebant, occupare licuit: ita ut atrium sacerdotum cum altaris circuitu atrio Israelis in frequentissima concione inclusum ... fuit.[4] Vgl. L'Empereur in Middoth 2, 6. Die Säulenhallen (,exedrae", Tamid I, 3), die sich rings um den Platz zogen (Bell. J. V, 5, 2. τοαὶ μεταξὺ τῶν πυλῶν), bedeckten den „Vorhof der Israeliten".
[2] Antt. XIII, 13, 5. Vgl. VIII, 3, 9 und Bell. J. V, 5, 6 u. 7. — [3] Middoth 2, 6; Bell. J. V, 5, 6.
[4] Ebendaselbst. Maimonides rechnet zuerst einen Suggestus von einer Elle und dann noch drei Stufen zum Priesterhof, der also $2\frac{1}{2}$ Ellen höher gelegen hätte als der Israelitenhof. Vgl. Grätz, Die Höfe und Thore des zweiten Tempels, a. a. O., S. 390.
[5] Middoth 2, 5. Insbesondere waren die Frauen auf dieser Empore bei der abendlichen Beleuchtung, die am Laubhüttenfest hier stattfand. Vgl. Succah. V, 2.
[6] Middoth 2, 3. Auf obige Weise lässt sich allein der Widerspruch zwischen Josephus (Bell. J. V, 5, 2), der 14 Stufen annimmt, und der Mischna (Middoth 2, 3), die zwölf Stufen vom äußern Vorhofe zum Frauenhofe hinauf kennt, ausgleichen.

hohe Ringmauer noch um ein Bedeutendes, etwa um 20 Ellen, hinaus [1] und traten aus derselben um etwa eine Elle vor.[2] Jeder Thorthurm hatte Doppelthore, deren jedes zehn Ellen breit und 20 Ellen hoch war.[3] Die Thorhalle aber war 20 Ellen lang und breit.[4] Zwei mächtige Säulen trugen das Gebälk der Decke, oder vielleicht besser das Gewölbe.[5] Über diesen Thorhallen befanden sich noch Räumlichkeiten. Von Osten her führte zum Frauenhof ein ähnliches Thor. Doch gehen wir wohl nicht fehl, wenn wir diesem nur einen einfachen, nicht doppelten Eingang geben. Auch auf der nördlichen und südlichen Seite des Frauenhofes war je ein Eingang, der aber nur klein und ohne Thurm gewesen zu sein scheint.[6]

Die Namen[7] dieser sieben[8] Thore sind folgende:

Auf der Südseite haben wir in der Reihenfolge von Westen nach Osten:

a) Das Daluk- oder Brandthor, durch welches man das Holz zum Brandopfer einführte;

b) das Bekoroth- oder Erstgeburts-Thor, durch welches man die Erstgeburts- oder Erstlings-Opfer, sowie alle diejenigen Opferthiere, die an der Südseite des Altars geschlachtet wurden, einführte;

c) das Majim- oder Wasserthor, so genannt, weil entweder die Wasserleitung durch dasselbe floss, oder weil die feierliche Procession mit der Wasser-Libation am letzten Tage des Laubhüttenfestes durch dasselbe einzog;

auf der Nordseite lagen in derselben Reihenfolge:

d) das Moked- oder Feuerherd-Thor, von der nebenanliegenden großen Wachstube für die Priester benannt, welche ein Wärmefeuer enthielt;

---

[1] Bell. j. V, 5, 2.

[2] Die Maße sind ganz ähnlich denen des heutigen sogenannten „goldenen Thores" an der Ostseite der Harams-Mauer.

[3] Josephus gibt ihnen offenbar fälschlich 15 Ellen Breite und 30 Ellen Höhe. Wir werden wieder „Fuß" statt „Ellen" setzen müssen. Bell. J. V, 5, 3.

[4] Nach Josephus, a. a. O., 30 Ellen.

[5] Dieselbe Anlage wie in dem alten Doppelthore an der Südseite des Haram.

[6] Nach Josephus, Bell. J. V, 5, 2. 3 und R. Ben Chanaan in Middoth 2, 16 sind nämlich je vier Thore auf den beiden Langseiten der Vorhöfe, und Josephus erwähnt ausdrücklich dieser Eingänge. Da aber in Antt. XV, 11, 5, Middoth 1, 4, 5 und Schekalim 2 nur je drei Thore genannt werden, scheinen diese Eingänge zu dem Frauenhof unbedeutend gewesen zu sein.

[7] Middoth 1, 4—9; 2, 6 und an vielen andern Stellen der Mischnah.

[8] Vgl. Anm. 6.

e) das **Corban-** oder **Opferthor**, durch welches die Opferthiere geführt wurden, die an der Nordseite des Altars zu schlachten waren;
f) das **Nizzuz-** oder **Funkenthor**, dessen Namensbedeutung nicht erklärt ist;
auf der Ostseite endlich lag das „**korinthische Thor**".

Das **Nizzuz-Thor** scheint auch **Sängerthor** geheißen zu haben,[1] weil man durch dasselbe unmittelbar zu dem Platze der Sänger gelangte. Darnach wäre seine Lage, sowie die des ihm gegenüberliegenden **Wasserthores**, als am äußersten östlichen Ende des Priester-, respective Israelitenhofes bestimmt. Das **Opfer-** und das **Erstgeburts-Thor** müssen wir entsprechend an das westliche Ende des östlich von der Tempelfronte gelegenen Theiles des Vorhofes legen, so dass der Altar genau in der Mitte zwischen dem **Nizzuz-** und dem **Opferthore**, respective zwischen dem **Wasser-** und **Erstgeburts-Thore** steht. Die beiden westlichen Thore, das **Feuerherd-** und **Brandthor**, folgen in denselben Abständen auf das Opfer- und das Erstgeburts-Thor, wie diese auf das Nizzuz- und das Wasserthor.[2]

Das Thor, das von Osten her zum Frauenhofe führte, nannte man das „**Ostthor**"[3] oder wegen der kostbaren, aus korinthischem Erze gefertigten Thorflügel das „**korinthische Thor**".[4] Diese Thorflügel waren kostbarer und schöner als die silberbeschlagenen und vergoldeten der andern Thore. Gewiss mit Recht nehmen wir an, dass unter der „schönen Pforte", porta speciosa, πύλη ὡραία, der Apostelgeschichte,[5] an welcher Petrus und Johannes den Lahmen heilten, dieses äußere Thor des Tempels verstanden ist. Es war das Hauptthor zum Eintritt der Gläubigen in den Tempel.[6] Daher finden wir auch dort den Lahmen, der die Vorübergehenden um Almosen bittet.

Vom Frauenhofe stieg man, wie schon bemerkt, zum Vorhofe der Männer auf 15 und zwar **halbkreisförmigen Stufen**[7] von je einer halben Elle

[1] Middoth 2, 6.
[2] Joseph. Antt. XV, 11, 5. Habebat interius conseptum a parte meridionali et septentrionali portas tres continuas aequaliter inter se distantes.
[3] Bell. J. VI, 4, 4 und V, 5, 3. Vgl. II, 17, 3. — [4] Ebendaselbst. — [5] Act. 3, 2.
[6] Antt. XV, 11, 5. Ab oriente porta magna, per quam mundi cum feminis intrare consuevimus. — Rabi Schemaja sagt: „Hic omnes egrediebantur et ingrediebantur atrium magnum." Siehe bei L'Empereur.
[7] Bell. J. XV, 5, 3; Middoth 2, 5. Nach dem apokryphen Evangelium de Nativitate, cap. 6, stieg die seligste Jungfrau bei ihrer Opferung als Kind diese fünfzehn Stufen hinauf, ohne dass sie geführt wurde. Die Scene des Aufsteigens haben die christlichen Maler häufig zum Gegenstande ihrer Darstellung gemacht. Hier sangen die Leviten am Abende der Gesetzesfreude, dem Schlusse des Laubhüttenfestes (in novissimo

Höhe. Oben erhob sich das „große"¹ oder „Nikanor-Thor".² Es hieß auch das „obere" Thor,¹ wohl mit Rücksicht auf das Ostthor. Josephus gibt seine Höhe auf 50 Ellen, seine Breite auf 40 Ellen an.⁴ Im obern Theile dieses Thores war ein Gemach für einen kleinen Sanhedrin von 23 Mitgliedern, welcher eine höhere Instanz bildete als derjenige, der am Susan-Thore saß. Dieses Nikanor-Thor war mehr ein Prachtbau, als dass es zur Befestigung oder zum Schutze gedient hätte. Es hatte zwei Nebenthürlein zum Ein- und Ausgehen.⁵ Das Hauptthor wurde nicht für den Verkehr benützt. Nur an den Sabbathen, den Neumonden und den Hauptfesten war es geöffnet, damit dem draußen stehenden Volke der Anblick des Altars geboten werde.

Die Kammern lagen zwischen den Thoren auf der nördlichen und südlichen Langseite der Vorhöfe.

Am Frauenhofe lagen in den vier Ecken größere unbedeckte Räumlichkeiten von 20 Ellen Breite und 40 Ellen Länge.⁶ Der südöstliche diente den Nazaräern, die hier ihr Opfer bereiteten und ihr abgelegtes Haar verbrannten. In dem südwestlichen war das Öl für den Leuchter und die Speiseopfer aufbewahrt. An der Nordseite lag westwärts der Raum, wo die vom Aussatze Gereinigten einen Tag lang verweilten zur Vorbereitung auf ihr Opfer; ostwärts wurde das Opferholz für den Brandopfer-Altar aufbewahrt; das auserlesene ward in die unten zu erwähnende Holzkammer im Priesterhofe gebracht.

In diesem Vorhofe müssen wir auch unter den Säulenhallen die Opferstöcke suchen, von denen der ganze Hof den Namen Gazophylacium ⁷ führte.

---

die magno festivitatis: Joh. 7, 37, wenn der ganze Frauenhof beleuchtet war, die sogenannten Stufenpsalmen. Vgl. Haneberg, S. 676; Sukkah 5, 2, 4.

¹ Middoth 1, 4: 2, 6; Joma 3, 10; Bell. J., a. a. O. Bezüglich dieses Thores und des Ostthores herrscht in den Quellen und bei den Commentatoren eine große Verwirrung. Vgl. Haneberg, S. 292 ff.; Grätz, Die Höfe und Thore des zweiten Tempels, S. 453 f.

² Den Namen hatte es von einem alexandrinischen Juden mit Namen Nikanor, der die Thorflügel geschenkt haben soll. Grätz, a. a. O.

³ Sukkah 4, 5. Juda Leo (De templo, editio Saubert, 1665, p. 62) sagt: „Varie appellabatur porta ista: Altissima, nova, porta recessus, porta ingressus, prior porta. Et in templo secundo nuncupabatur: Porta Nicanoris.

⁴ Bell. J. XV, 5, 3. Die Größe scheint angemessen, weil durch dieses Thor der einzige Einblick in den Priesterhof möglich war. Übrigens weiß die Mischna nichts von solcher Größe.

⁵ Middoth 2, 6.

⁶ Ebendaselbst 2, 5.

⁷ Bell. j. V, 5, 2; Antt. XIX. 6. 1; Schekalim 6, 5. Es waren daselbst 13 Opferstöcke. Jeder hatte nach seiner Bestimmung eine besondere Aufschrift, z. B.: „für die Tempelsteuer", „für die Beschaffung des Opferholzes", „des Weihrauches" u. s. w. Vgl. Joh. 8, 20; Marc. 12, 41. 43; Luk. 21, 1.

Neben der Treppe, die zum Israeliten-Vorhofe hinaufführte, waren Eingänge zu je vier kleinen Kammern, die unter dem Boden des Israeliten-Vorhofes lagen, woselbst die Sänger ihre Musik-Instrumente aufbewahrten. An dem Priesterhofe, respective an dem Israelitenhofe, werden zunächst zwei Kammern erwähnt, die südlich und nördlich vom Nikanor-Thor lagen: die nördliche hieß die Kammer des Pinchas, des Kleiderbewahrers; hier wurden die priesterlichen Gewänder in 72 Kästen (je drei für jede der 24 Priesterclassen) aufbewahrt.[1] Die andere, südliche, war zur Zubereitung des täglichen Speise-Opfers des Hohepriesters bestimmt und hieß Kammer Chabitin (d. i. Speise-Opfer). Man versetzt diese beiden Kammern meistens unmittelbar neben das Nikanor-Thor auf den Boden des übrigens ohnehin schon sehr knapp bemessenen Vorhofes der Israeliten.

Weiterhin haben wir an der Nordseite des Priesterhofes, zwischen dem Nizzuz- und Corban-Thore, die Salzkammer,[2] die Waschkammer zum Waschen der Opferstücke und der Eingeweide, und die Kammer Parvah,[3] wo die Häute der Opferthiere aufbewahrt und eingesalzen wurden. Über der Waschkammer befand sich ein Badezimmer für den Hohepriester am Versöhnungstage.

An der Nordwest-Ecke des Vorhofes befand sich ein großes Gebäude, das fünf Räume umfasste. Es trug den Namen Ha-Moked-Haus. Das Thor gleichen Namens stieß östlich an dieses Gebäude. Zur Hälfte war dieses Ha-Moked-Haus in den Priesterhof hineingebaut.[4] Der mittlere, größere Raum erstreckte sich durch das ganze Gebäude von Norden nach Süden. In dieser Halle hielten sich die wachehabenden Priester auf. In dem Theil desselben, der sich nicht auf dem heiligen Boden des Priesterhofes befand, schliefen sie auf ringsum angebrachten steinernen Bänken. Hier wurden auch die Schlüssel aufbewahrt. Man konnte durch diese Halle vermittelst kleiner Thürlein aus dem äußern großen Vorhofe in den Priesterhof gelangen. Westlich von dieser Halle waren zwei Räume, von denen der eine, in welchem die Lämmer für das tägliche Opfer bereitgehalten wurden, auf heiligem Boden (des Priesterhofes) stand; in dem andern führte eine Treppe durch einen unterirdischen

---

[1] Middoth 1, 4. Die Gewänder des Hohepriesters wurden von den Römern in der Antonia aufbewahrt und jedesmal zum Gebrauche ausgeliefert.
[2] Es wurde kein Opfer ohne Salz dargebracht. Vgl. Levit. 2, 13; Marc. 9, 48.
[3] Der Ursprung dieses Namens wird verschieden gedeutet, ohne dass eine Erklärung annehmbar wäre.
[4] Middoth 1, 6—8; Tamid I, 1.

Gang zu einem Bade für die Priester.¹ Ostwärts befanden sich wiederum zwei Räume: auf heiligem Boden der, in welchem die Schaubrote bereitet wurden, nördlich von ihm eine Kammer, wo man die Steine des alten, von Antiochus Epiphanes entweihten Brandopfer-Altares² aufbewahrte. Wahrscheinlich sind die auf heiligem Boden stehenden Kammern noch von dem alten Tempel her erhalten geblieben.

An der Südseite des Vorhofes haben wir über dem Wasserthore die Kammer des Abtinas, d. i. jener Familie, welche das Rauchwerk zu bereiten allein privilegiert war. Hier wurden die Priester in ihren diesbezüglichen Diensten eingeübt. — Dem Ha-Moked-Hause gegenüber lag ferner an der Südseite ein ebenso großes Gebäude, das drei Räume umfasste, und wiederum zur Hälfte auf heiligem Boden lag. Die westliche Hälfte des ganzen Gebäudes nahm die große Kammer Gazith (d. i. Quaderhalle, weil aus großen Quadern erbaut) ein. In dem südlichern Theil dieses Raumes, soweit er außerhalb des Priesterhofes lag, saß der Hohe Rath (Sanhedrin g'dolah),³ der oberste Gerichtshof von 72 Mitgliedern. Im nördlichen Theile, auf heiligem Boden, wurden jeden Morgen die verschiedenen Dienste der Priester ausgelost und das Morgengebet verrichtet.⁴ Östlich von dieser großen Kammer Gazith lagen zwei Kammern. Die Kammer der Gefangenschaft, Kammer Golah genannt, in welcher ein von den aus der babylonischen Gefangenschaft Zurückkehrenden gegrabener Brunnen war, stand auf heiligem Boden. Ein Rad oder eine Maschine trieb von hier das Wasser in alle Räume des Tempels. Die andere Kammer hieß Holzkammer oder Parhedrin.⁵ Hier wurde das im Vorhof der Frauen auserlesene Holz zum Brandopfer hinterlegt. Auch wohnte hier der Hohepriester vor dem Versöhnungstage und versammelte daselbst den Tempelrath, d. i. die Vorsteher der gesammten Tempelverwaltung.⁶ Daher soll der Name

---

¹ Es müssen großartige Cisternen unter dem Boden des Tempels gewesen sein. Sowohl Josephus Bell. J. V, 3, 1; Antt. XV, 11, 7) als der Talmud (Parah III, 2; Maimonides in Middoth 1, 9) reden öfters davon, ebenso Tacitus hist. V, 12: „Fons perennis aquae, cavati sub terra montes et piscinae cisternaeque servandis imbribus." Über den Wasserreichthum des Tempels hat uns besonders interessante Notizen Aristeas Eusebius, praep. evang., IX, 38) hinterlassen.

² Vgl. S. 64. — ³ Middoth 5, 4. — ⁴ Tamid 1, 2.

⁵ Vielleicht war auch die Kammer Parhedrin ein Oberraum über der Holzkammer.

⁶ Der Tempelrath bestand aus dem Hohepriester, der an Rang dem Könige gleich kam und dessen Befehle für alle Priester bindend waren, seinen zwei Assistenten, den zwei Oberbefehlshabern über die Wachen, deren erster der Tempel-Hauptmann war (Actor. 4, 1; 5, 24, 26), den sieben Vorstehern (Luk. 22, 4, 52) der einzelnen Wachen (drei Priesterwachen à zehn Mann am Nizzuz-, Moked- und Wasserthor, 21 Levitenwachen à zehn Mann, von denen vier Wachen am innern Tempel waren), den drei Cassieren, welche die

Parhedrin, eine Corrumpierung von παρέδρων, Versammlung (wie Sanhedrin von συνέδρων) stammen.

Zwischen dem Wasserthore und dem Erstgeburts-Thore, ferner zwischen dem Opferthore und dem Moked-Thore müssen noch mehrere Kammern gelegen sein, so z. B. die Schatzkammern oder der Corban,[1] das Tempel-Archiv[2] und andere mehr.

* * *

Die Räume des gesammten Tempels, die Vorhöfe, Hallen u. s. w., waren aufs kostbarste ausgeschmückt. In den Säulenhallen hiengen die Weihegeschenke und die erbeuteten Kriegswaffen.[3] Mit Recht konnte Tacitus sagen: „Illic (sc. Hierosolymis) immensae opulentiae templum."[4] Josephus berichtete,[5] dass das gesammte Äußere in reichster Vergoldung strahlte und Auge und Herz zur Bewunderung hinriss. Wenn die aufgehende Sonne über den Ölberg her ihre Strahlen auf die weißen Marmorhallen und die reich mit Gold verzierte Fronte des Tempels warf, konnte das Auge, geblendet von dem Glanze, nicht hinschauen. Von weitem aber glaubte man einen mit Schnee bedeckten Berg zu sehen. In diesem Glanze sahen ihn auch die Jünger des Herrn erstrahlen und machten ihren göttlichen Meister aufmerksam auf die Pracht des Baues.[6]

Tempelsteuer in Empfang nahmen, und weitern zwölf Beamten: 1. Vorsteher der Sänger; 2. der Musiker; 3. der für die Verlosung der Dienste zu sorgen hatte; 4. der die Tauben zum Opfer verkaufte; 5. der das Geld für Ankauf von Wein, Öl und Mehl in Empfang nahm und dafür einen Schein ausstellte. Diesen Schein wies man dem Priester vor, der dann das Opfer darbrachte; 6. der dasjenige besorgte, was auf dem Schein angegeben war; 7. der Brunnenmeister; 8. der Tempelarzt; 9. der Bäcker für die Schaubrote; 10. der das Räucherwerk bereitete; 11. der für die Herstellung der Decken und Teppiche zu sorgen hatte. Er hatte Handwerker: Spinner, Näher u. s. w. unter sich; 12. der Oberschneider für die Priestergewänder. (Nach Kolbe, Archäologische Beschreibung Jerusalems.)

[1] Antt. XV, 4, 4 und 7, 1. Vgl. II Macc. 3, 6, 23 und Esdras 8, 29.
[2] Vgl. I Macc. 14, 49; Antt. III, 1. 7. 5. 1. 17; Megillah IV, 2; Soferim VI, 4
[3] Antt. XV, 11, 3; XVII, 6, 3; XIX, 6, 1. Vgl. Bell. J. II, 17, 3; Luk. 21, 5. Dass auch in der Stiftshütte bereits Andenken und Alterthümer aufbewahrt wurden, siehe I Reg. 21, 9. Ebenso waren im ersten Tempel die Waffen Davids aufbewahrt. IV Reg. 11, 10. Vgl. Judith 16, 23.
[4] Hist. V, 8. Ähnlich Dio Cassius, Hist. Rom. 37, 17. — [5] Bell. J. V, 5, 6.
[6] Matth. 24, 1; Marc. 13, 1. Accesserunt discipuli (ad Jesum), ut ostenderent ei aedificationem templi; Magister aspice, quales lapides et quales structurae!

* * *

C. Von den Maßverhältnissen des Herodianischen Tempels.

Eine kurze Übersicht über die Hauptmaße, wie wir sie im Vorhergehenden festgestellt haben, möge vorerst hier Platz finden.

Die Gesammthöhe des Tempels betrug 117 Ellen.

Von dem großen äußern Vorhofe führten zwölf Stufen (6 Ellen) zu dem Zwinger, weitere fünf Stufen ($2^1/_2$ Ellen) zu dem Frauenhofe, von dort 15 Stufen ($7^1/_2$ Ellen) zum Israelitenhofe und weitere zwei Stufen (1 Elle) von da zum Priesterhofe.

Der Tempel selbst hatte eine Höhe von 100 Ellen, von denen sechs Ellen auf die zwölf Stufen kamen, die zum Thore hinaufführten.

Die Gesammtbreite betrug 234 Ellen (2×117 Ellen).

Der innere Vorhof hatte 135 Ellen, mit den beiderseitigen Kammern 200 Ellen, mit den Thorthürmen 202 Ellen.

Dazu kam auf beiden Seiten der Zwinger à zehn Ellen und die zu ihm hinaufführenden zwölf Stufen, welche auf jeder Seite sechs Ellen ausmachten.

Die Länge des Ganzen betrug 312 Ellen.

Grundriss.

Tafel VII. Um das Quadrat des Altars von 32 Ellen liegt ein Kreis und um diesen die beiden gleichseitigen Dreiecke $a\beta\gamma$ und $\delta\epsilon\zeta$. Die Grundlinien $\epsilon\zeta$ und $\beta\gamma$ geben die west-östliche Länge des Vorhofes zwischen Tempelhaus und der östlichen Mauer an. Dieses Doppeldreieck ist eingeschrieben in das andere Doppeldreieck acb und dfe, welches dasselbe ist mit dem gleichnamigen auf Tafel II. Die Grundlinien df und ab geben die Breite des Vorhofes (135 Ellen) an. Um dieses Doppeldreieck liegt ein Kreis mit dem Radius oe, und um dieses liegt wieder ein Doppeldreieck, das in der Verbindungslinie seiner beiden Ecken g und h die Gesammtlänge des ganzen Tempels angibt. In dem Kreise, dessen Radius oe ist, liegt ein Sechseck, und in diesem wieder ein Kreis mit dem Radius ok. Das um diesen letztern Kreis gelegte Doppeldreieck mnp und qrs gibt in mn und qs die Gesammtbreite der Tempelanlage, in r das westliche Ende des Tempelhauses, in p die östliche Begrenzung des Frauenhofes und in mn die westliche Begrenzung der Tempel-Vorhalle. In ähnlicher Weise wie vorher erhalte ich die Kreise, deren Halbmesser oz und ow sind. Um erstern liegt ein Doppeldreieck, dessen Ecken die äußern Mauern angeben. Letzterer gibt in seinem Durchmesser xy die Breite der Tempelfronte, und ein um diesen Kreis gelegtes Doppeldreieck, dessen Seiten parallel den Seiten der Dreiecke ab? und ?a sind, würde mit den zwei parallelen Grundlinien die Tempel-Vorhalle einfassen und mit den Höhen wiederum die Breite des Ganzen mit den Mauern angeben.

Es sind somit alle Punkte des Grundrisses bestimmt durch dasselbe Gesetz wie bei dem Salomonischen Tempel. Der Altar ist es wieder, der das Einheitsmaß für alle Theile des Baues gibt.

Aufriss.

Tafel VIII. Das gleichseitige Dreieck ABC hat zur Grundlinie AC die Gesammtbreite des Tempels (234 Ellen). In ihm eingeschrieben ist ein Kreis, dessen Mittelpunkt O und dessen Radius OD ist. Dieser Kreis gibt in seinem Durchmesser MN die Breite des innern Vorhofes an (135 Ellen). In ihm liegt ein Sechseck und in diesem der Kreis OG. Der Punkt G gibt die Höhe des Bodens des Frauenhofes an. Auf gleiche Weise erhalte ich den Kreis OK, der in seinem Durchmesser 100 Ellen hat und Breite und Höhe der Tempelfronte angibt, so dass ein um ihn gelegtes Quadrat dem Quadrate der Tempelfronte entspricht. In diesem Kreise liegt das gleichseitige Dreieck PRQ, dessen bis zur Linie AC verlängerte Schenkel in den Durchschnittspunkten nochmals die Breite des innern Vorhofes angeben.

Die Maße des Heiligen und seiner dreistockwerkigen Seitengemächer ergeben sich leicht, wenn man in den Kreis OK ein Quadrat einschreibt. Ein in dieses Quadrat gelegter Kreis gibt in seinem Durchmesser die Breite xy. Alle weitern Maße erhalte ich durch wiederholtes Einschreiben des Sechseckes und des Kreises.

Zu beachten ist, dass auch hier, gerade wie beim Salomonischen Tempel, der Mittelpunkt des ganzen Systems, des sechseckigen Sternes, gerade über das große Tempelthor in der Vorderfronte zu stehen kommt.

* * *

Es sind sonach auch hier alle Maße des Tempels auf der Grundlage einer einfachen Construction in ähnlicher Weise wie beim Salomonischen Tempel bestimmt.

Wir glauben damit unsere Aufgabe gelöst zu haben. Wir haben

haben „gemessen den Tempel und Altar".[1] Wir haben gefunden, dass „in allem Maß"[2] ist.

Nur den großen äußern Vorhof lassen wir bei diesem Tempel „ungemessen" nach dem Worte des Engels an den Seher Johannes: „Den Vorhof messe nicht; denn er ist den Völkern gegeben, dass sie ihn betreten."[3] Er bildet, wie wir sahen, keine regelmäßige geometrische Figur, „er hat kein Maß", ist ungemessen, ein Sinnbild dessen, dass die Kirche alle räumlichen Schranken aufhebt, dass sie allen offen steht, allen zugänglich ist, dass alle Völker berufen sind zur Erkenntnis des wahren Gottes. „Kommt ihr Völker, lasst uns hinaufsteigen zum Berge des Herrn, zum Hause des Gottes Jakob, auf dass er uns lehre seine Wege!"[4]

D. Die Geschichte des Herodianischen Tempels.
Seine Zerstörung.

Noch nicht war der Umbau des Tempels durch Herodes ganz vollendet, als die Weissagung des Propheten Malachias[5] sich zu erfüllen begann. „Alsbald wird kommen zu seinem heiligen Tempel der Herrscher, der Herr." Es kam Jehova, der Bundesgott. Thronend auf der lebendigen Bundeslade, auf den Armen Mariä, hielt „der König der Glorie"[6] unter dem Jauchzen der Engel seinen Einzug in den Tempel. „Siehe da! die Glorie des Gottes Israels zog herein bei dem Ostthore, und die Erde erstrahlte von seiner Majestät, und erfüllt ward das Haus des Herrn von seiner Herrlichkeit."[7]

Auf ihn hatte der Tempel mit seinem ununterbrochenen Opfer hingedeutet. Und als er, der ewige Hohepriester, endlich mit seinem eigenen Opferblute ins Allerheiligste eingetreten war,[8] da zerriss der Vorhang,[9] — da war hinfällig geworden der vorbildliche Tempel, die vorbildlichen Opfer, das vorbildliche Priesterthum. Die Vorhöfe des Tempels erweiterten sich über die ganze Erde, und vom Kreuzes-Altar in ihrer Mitte steigt seitdem ununterbrochen der Wohlgeruch des einzigen, wahren und ewigen Opfers, des Sohnes Gottes empor.

[1] Apoc. 11, 1. — [2] Spruch an der Delphischen Pforte. — [3] Apoc. 11, 2. — [4] Mich. 4, 2.
[5] Malach. 3, 1. — [6] Ps. 23, 7. — [7] Ezech. 43, 2. 5. — [8] Hebr. 9, 11.
[9] Matth. 27, 51; Marc. 15, 38; Luk. 23, 45.

Vierzig Jahre nach dem Tode des göttlichen Erlösers, nur sechs Jahre nach der gänzlichen Vollendung des Tempels, war die Frist abgelaufen, die Gott dem ungläubigen Volke gegeben hatte, das die Tage seines Heiles nicht erkannt hatte.[1] Das Volk, das durch den Gottesmord den Bund mit Gott zerzissen hatte, ward den Römern preisgegeben. Mit ihm fiel sein glänzender Tempel. Einige Tage vor dem Hereinbruche des Strafgerichtes verließen, so muss uns der Geschichtsschreiber des jüdischen Volkes, Josephus, aus priesterlichem Geschlechte, selber bestätigen, die Engel, die bisherigen Wächter, den Tempel; es wurden Stimmen gehört, wie von vielen, die da riefen: „Kommet, lasset uns hinwegziehen von hier!"[2] Das große Ostthor, das am Abende nur von zwanzig Männern geschlossen werden konnte, weil es ganz aus Erz und von ungeheurem Gewichte war, sprang plötzlich in der Nacht von selbst auf.[3]

Bald darauf erschienen die Römer vor der Stadt und umgaben sie mit einem Walle.[4] Zur Zeit des Osterfestes (70) war die Stadt umschlossen. Die Greuel dieser Belagerung und der schließlichen Erstürmung der Stadt und des Tempels durch Titus sind unerhört in der Geschichte. Es waren „Tage wie sie noch nie gewesen waren, noch jemals wiederum sein werden".[5]

Die an der Nordseite der alten Stadt vor kurzem entstandene Neustadt, Bezetha, und die „Vorstadt" waren schon (seit dem 27. April und dem 6. Mai) in den Händen der Eroberer, die über die Haufen Leichen der vom Hunger und der Pest Hingerafften hinweg sich einen Zugang zu den Mauern gebahnt hatten. Vom Fanatismus getrieben und einem Todesmuthe, dem wir unsere Bewunderung nicht versagen können, vertheidigte das gottverlassene Volk seinen Tempel bis zum letzten Blutstropfen, indem es glaubte, Jehova könne nicht zugeben, dass der einzige Ort der Erde, wo er in Wahrheit verehrt werde, in Trümmer falle.

Nachdem (am 2. Juli) die Antonia gefallen, wüthete der Kampf noch wochenlang auf dem großen äußern Vorhofe. Die Mauerbrecher versuchen sich vergebens an den starken Mauern der Vorhöfe. Da endlich legen die Römer Feuer an die Thore an. Das Silber und Gold ihrer reichen Verzierungen fließt, von der Feuersglut geschmolzen, in Strömen herab. Der Weg zum innern Heiligthum ist geöffnet. In den Vorhöfen setzt sich der verzweifelte Kampf fort. Haufen von Leichen bedecken den Brandopfer-Altar und den Boden ringsum. Da lodert hoch die Flamme aus dem Tempelhause selbst auf. Ein Soldat hatte gegen den Willen des Titus einen Feuerbrand in die Zellen an

[1] Luk. 19, 42. — [2] Ikll. j. VI, 5, 3. — [3] Ebendaselbst. — [4] Vgl. Matth. 24. — [5] Ebendaselbst v. 21.

der Nordseite des Tempels geworfen. Der Feldherr will den Tempel noch retten, versucht den Brand zu löschen. Es ist zu spät. Er kann nur noch das entweihte Innere betreten und seine geheimnisvolle Pracht anschauen. — dann sinkt der stolze Tempel in Trümmer. Priester, die sich auf die Mauern geflüchtet, wollen den Untergang desselben nicht überleben: sie stürzen sich verzweifelnd hinab in die Glut. Der ganze Tempelberg scheint in Flammen zu stehen. Das Blut fließt in Strömen. Von 1,100.000 Menschen, die in der Stadt zum Osterfeste versammelt gewesen, sind nur 90.000 dem Schwerte entgangen, um als Sclaven verkauft zu werden oder den Triumphzug des Titus verherrlichen zu helfen. Auf die Trümmer des Tempels pflanzen die Römer ihre Adler und begrüßen beim Jammerruf des untergehenden Volkes den Titus als ihren Kaiser.[1]

Er war am 5. August (den 10. des Monates Ab) des Jahres 70 n. Chr.[2]

Seitdem ruht der Fluch Gottes auf der Stätte, wo einst die „Vorhöfe des Herrn" sich ausdehnten. Julians des Abtrünnigen wahnsinniger Versuch, den Tempel wieder aufzubauen, verhinderte der Himmel. Der Jupiter Capitolinus hatte vorübergehend eine Cultstätte (unter Hadrian) an der Stelle des ehemaligen Allerheiligsten. Nur kurze Zeit (von 530 bis 638) fand auch christlicher Gottesdienst daselbst statt. Der Patriarch Sophronius verwies den Kalifen Omar (638) auf einen Schutthaufen inmitten eines großen Platzes als auf die Stätte des Tempels. Seit dieser Zeit glänzt, mit Ausnahme der kurzen Periode der Kreuzritter-Herrschaft, der Halbmond über dem Orte, wo die Bundeslade in dem unnahbaren Dunkel der geheimnisvollen, gnadenreichen Gegenwart Gottes gethront hatte.

„Und an der Stätte des Tempels wird der Greuel der Verwüstung herrschen, und wird dauern bis zur Vollendung und bis zum Ende."[3]

[1] Vgl. die schöne Schilderung in: Dr. Steinwender, Titus Flavius Vespasianus Augustus, Graz 1876.
[2] Rieß, Das Geburtsjahr Christi, S. 186. — [3] Dan. 9, 27.

LITERATUR-VERZEICHNIS.

Im Folgenden sind die genauen Titel und Ausgaben der im Texte oder in den Noten citierten, sowie der sonstigen hiehergehörigen hauptsächlichsten Werke aufgeführt.

Flavius Josephus. Opera omnia graece et latine excusa ad editionem Lugduno-Batavam Sigeberti Havercampii cum Oxonensi Joannis Hudsonis collatam curavit Fr. Oberthür. Lipsiae 1782. 3 tomi.

Mischnah,[1] sive totius Hebraeorum juris, rituum, antiquitatum ac legum orientalium systema, cum Maimonidis et Bartenorae commentariis integris, quibus acced. varior. auctor. notae ac versiones. Latinitate donavit ac notis illustravit. Gu. Surenhusius. Amst. 1698—1703. 6 vol. in fol.

In dieser Ausgabe der Mischnah von Surenhus, in tom. V, sind die nachfolgenden drei Hauptcommentare enthalten, nämlich:

a) Moyses Maimonides (um 1200 n. Chr.) im sechsten Theile seines großen Werkes „Jad Chasakah" („Starke Hand"). Neueste Ausgabe mit Übersetzungen und Bemerkungen in acht Foliobänden. Berlin 1862;

b) Obadia Bartenoro (XV. Jahrh). Commentar zu Middoth;

c) Constantin L'Empereur, Talmudis Babylonici codex Middoth sive de mensuris Templi etc. Lugd. Batav. 1630.

Mischnah oder der Text des Talmud, aus dem Hebräischen übersetzt, umschrieben und mit Anmerkungen erläutert von J. Jakob Rabe. Onolzbach 1760—1763. Gr. 4°. 4 Bde.

Ugolini, Thesaurus antiquitatum sacrarum, complectens selectissima clarorum virorum opuscula, in quibus vett. Hebraeorum mores, instituta, leges etc. illustrantur. Venet. 1744—1769. Fol. 34 Bde.

In demselben sind folgende drei hiehergehörende Schriften enthalten:

---

[1] Der hauptsächlichste Tractat, der hier in Betracht kommt, ist der Tractat Middoth, d. i. „von den Maßen", nämlich des Tempels. Außerdem sind mancherlei Notizen enthalten in den Tractaten: Tamid, Joma, Schekalim, Sukka, Megillah, Chagiga, Baba bathra, Sanhedrin, Kelim, Soferim, Parah.

a) A. Porte Leone, Schilte ha gibborim (1612. Mantua. Fol.). Das auf den Tempel Bezügliche findet sich bei Ugolini, tom. IX;
b) J. Ligthfoot, Descriptio Templi Hierosolymitani (1650). Ebenfalls in tom. IX.:
c) Buxtorf, Historia arcae foederis. In tom. VIII.

Philo Judaeus, De vita Moysis. Libri III. Francof. 1587.

B. Lamy, De tabernaculo foederis, de sancta civitate Jerusalem et de Templo ejus. Paris 1720. Fol.

— Apparatus biblicus. 8". Venet. 1756.

W. Smits, Liber Exodus. tom. II. dissert. II: De tabernaculo ejusque atrio. Antwerpiae 1760.

A. Calmet, O. S. B., Commentarius in Exod. et in libr. III Reg. August. Vindel. 1734.

— Dictionarium biblicum. II tomi. Aug. Vindel. 1738.

Bahr, Symbolik des Mosaischen Cultus. 2 Bde. Heidelberg 1837.

— Der Salomonische Tempel. Karlsruhe 1848.

— Commentar zu I Reg. im Bibelwerke von Lange. Bielefeld 1868.

Keil, Handbuch der biblischen Archäologie. Frankfurt a. M. 1875.

Ewald, Geschichte des Volkes Israel. Göttingen 1852.

Vigouroux, La bible et les découvertes modernes. 4 tom. Paris 1881. Edit. III. Deutsche Übersetzung. Mainz 1885 u. 1886.

Haneberg, Die religiösen Alterthümer der Bibel. München 1869. 4. Aufl.

Scholz, Die heiligen Alterthümer des Volkes Israel. Regensburg 1868. 2 Bde.

Riehm, Handwörterbuch des biblischen Alterthums. 2 Bde. Bielefeld 1884.

Wetzer u. Welte, Kirchen-Lexikon. Freiburg 1854 —1856. Zweite Auflage im Erscheinen begriffen (seit 1882).

Holzammer, Handbuch der biblischen Geschichte. 4. Aufl. Freiburg 1885.

Weiss, David und seine Zeit. Münster 1880.

Stade, Geschichte des Volkes Israel. In Onkens Allgemeiner Geschichte in Einzel-Darstellungen. Berlin 1884.

M. de Vogüé, Le Temple de Jérusalem. Monographie du Haram-esch-Scherif. Paris 1864. Folio.

Pailloux, S. J., Monographie du Temple de Salomon. Paris 1884. Fol.

Hirt, Der Tempel Salomons. Mit drei Kupfern. Berlin 1825.

E. Kopp, Der Tempel Salomons. Stuttgart 1839.

Franz de Riboira, Commentarius in Apocalypsin. Lyon. 1583. 4". Acced. quinque libri de Templo et de iis, quae ad Templum pertinent.

Hieronymus Pradi et Joh. B. Villalpandus, S. J., In Ezechielem explanationes et apparatus Urbis et Templi Hierosolymitani Commentarius. Fol. 3 tom. Romae 1596 bis 1604.

J. C. Fr. Keil, Der Tempel Salomons. Eine archäologische Untersuchung. Dorpat 1839.

R. Keil, Commentar zu den B. B. der Könige. Moskau 1846.

Thenius, Das vorexilische Jerusalem und dessen Tempel. Leipzig 1849.

Kühn, Ezechiels Gesicht von dem Tempel der Vollendungszeit. Gotha 1882.

Smend, Der Prophet Ezechiel. 2. Aufl. Leipzig 1880.

G. Rosen, Das Haram von Jerusalem und der Tempelplatz Moria. Gotha 1866.

Canina, Richerche sull' architettura degli antichi Giudei e del loro tempio di Gerusaleme. Roma 1845.

Laurent de Saint-Aignan, Le temple de Jérusalem. Paris 1876. (Extrait du tom. X des Annales de philosophie chrétienne.)

V. Guérin, Le temple de Jérusalem. Compte rendu de l'academie des inscript. I., 4. serie. Tom. IX. Paris 1881.

De Sauley, Histoire de l'art judaïque. II édit. Paris 1864.

Fergusson, The temple of the Jews and the other buildings in the Haram area at Jerusalem. London 1878. Cf. „The buildings news", 1878, p. 513 f., 567 f.; 1886, p. 45 f.

Warren, The temple of the Tombe. Giving further Evidence in faveur of the authenticity of the Present Site of the Holy-Sepulchre. London 1876.

J. Hildesheimer, Die Beschreibung des Herodianischen Tempels im Tractat Middoth und bei Flavius Josephus. Berlin 1877.

Bloch, Entwurf eines Grundrisses vom Herodianischen Tempel. Nach talmudischen Quellen. Breslau 1882. Imp. fol. Lithogr. mit hebr. Text.

Grätz, Die Höfe und Thore des zweiten Tempels. Eine archäologische Untersuchung. Monatsschrift für Geschichte und Wissenschaft des Judenthums. Breslau 1876. Heft 10 u. 11.

— Eine dunkle Stelle in der Beschreibung der Tempel-Einrichtung. Ebend. 1880. Heft 7.

Kolbe, Archäologische Beschreibung Jerusalems, seiner Ortlichkeiten und Prachtgebäude, mit besonderer Rücksicht auf den Tempel und seine Einrichtungen. Wien (Selbstverlag). 1883.

Spiess, Der Tempel zu Jerusalem während des letzten Jahrhunderts seines Bestandes, nach Josephus. Berlin 1881.

— Das Jerusalem des Josephus. Berlin 1881.

Jul. Braun, Geschichte der Kunst. 2 Bde. Wiesbaden 1856.

Schnaase, Geschichte der bildenden Künste. 8 Bde. Stuttgart 1879 (und Düsseldorf 1866 bis 1870).

Stieglitz, Geschichte der Baukunst. Nürnberg 1827.

Zimmermann, Karten und Pläne zur Topographie des alten Jerusalem. Basel 1876.

Menke, Bibel-Atlas. Gotha 1870.

J. Olshausen, Zur Topographie des alten Jerusalem. Kiel 1833.

Gatt, Beschreib. über Jerusalem. Waldsee 1877.

Caspari, Chronologisch-geographische Einleitung in das Leben Jesu. Hamburg 1869.

Riess, Biblische Geographie. Freiburg 1872.

Socin (Bädecker). Palästina und Syrien. 2. Aufl. Leipzig 1880.

Fahrengruber, Nach Jerusalem. Würzburg 1880.

Sepp, Jerusalem und das heilige Land. Schaffhausen 1872.

Pierotti, Topographie ancienne et moderne de Jérusalem. Lausanne 1864.

Neubauer, La géographie du Talmud. Paris 1868.

Robinson, Palästina. 2 Bde. Halle 1841—1843.

— Neue Untersuchungen über die Topographie Jerusalems.

Sattler, Geschichte der Stadt Jerusalem. Mit Plänen. München 1884.

Tobler, Topographie von Jerusalem. 2 Bde. Berlin 1853—1854.

Golgatha. St. Gallen 1851.

De Sauley, Voyage en terre sainte. Paris 1865.

Ebers und Guthe, Palästina in Wort und Bild. 2 Bde. Fol. Stuttgart und Leipzig 1883.

Munk, Palästina. Geographische, historische und archäologische Beschreibung dieses Landes. Bearbeitet von Dr. M. A. Lewy. Leipzig 1871—1872.

Sepp, Die Felsenkuppel eine justinianische Sophienkirche. München 1882.

v. Hammer-Purgstall, Literaturgeschichte der Araber, Wien 1854.

Löw, Beiträge zur jüdischen Alterthumskunde. Leipzig 1871.

Drach, Seconde lettre d'un Rabbin converti aux Israëlites ses frères selon sa chair. Rome 1827.

Zeitschrift des deutschen Palästina-Vereines, Leipzig. Jahrg. I—VIII.

Das heilige Land, Organ des Vereins vom heiligen Grabe. Köln 1857—1886.

Kraus, Real-Encyklopädie der christlichen Alterthümer. 2 Bde. Freiburg 1886.

Pausanias, Descriptio Graeciae. Edit. Siebelis. Lipsiae 1822.

Proclus Diadochus, In primum Euclidis elementorum librum commentariorum libri IX. Patav. 1560.

Procopius a Caesarea, De Justiniani imp. aedificiis. Edit. Dindorf. Bonnae 1833. 3 tomi.

Evangelia apocrypha. Edit. Tischendorf. Lipsiae 1876. II. editio.

Codex apocryphus Novi Testamenti. Opera et studio Joannis Car. Thilo. Tom. I et unicus. Lipsiae 1832.

Eusebius, Praeparatio evangelica. (προπαρασκευή εὐαγγελική.) Migne. P. Gr. Tom. 21.

Zeising, Neue Lehre von den Proportionen des menschlichen Körpers, aus einem bisher unbekannt gebliebenen, die ganze Natur und Kunst durchdringenden, morphischen Grundgesetze entwickelt und mit einer vollständigen historischen Übersicht der bisherigen Systeme begleitet. Leipzig 1854.

— Ästhetische Studien im Gebiete der geometrischen Formen. Stuttgart 1868.

Günther, Ziele und Resultate der neuern mathematisch-historischen Forschungen. Erlangen 1876.

v. Thimus, Harmonikale Symbolik des Alterthums. 2 Bde. Köln 1868—1876.

J. Jungmann, Ästhetik. Freiburg 1884.

ALPHABETISCHES SACHREGISTER.

Abtinas, Kammer des, 92.
Adoniram 21.
Adler über der Tempelpforte 81.
Akra 19, 64, 75.
Akron 14.
Aksa 71.
Antiochus Epiphanes 63.
— Eupator 64.
Antonia 75.
Aravna 17.
Asdod 14.
Badkammer 91, 92.
Baris 75.
Beth-Semes 14.
Bezaleel 6.
Brandopfer-Altar 10, 31, 58, 60, 63, 64, 85 f.
Brandthor 88.
Bundeslade 8, 14, 15 f., 24, 58.
Chabitin-Kammer 91.
Chel 36, 82.
Cherubim 8 f.
Corbanthor 89.
Crassus 65.
Cyrus 59, 60.
Dach des Tempels 23.
David 16 f.

Davidsburg, s. Jerusalem.
Doppelthor 54, 71.
Dreifaches Thor 54, 71.
Duchan (Tribüne) 56.
Ehernes Meer 11, 32, 62.
Einweihung des Tempels 55, 61, 62.
Elle 7.
Ezechiels Vision des Tempels 22.
Frauenhof 33 f., 90.
Gath 14.
Gazith 92.
Gazophylacium 90.
Gibeon 14, 20.
Goldenes Thor 55, 74.
Halle, königliche oder dreifache 70 ff.
— Salomons 55, 70.
Hananeel, Thurm 75 (siehe Jerusalem).
Haram-esch-Scherif 68.
Herodes der Große 66.
Hiram, König von Tyrus 21.
— der Erzgießer 21.
Holzkammer 90, 92.
Huldathor 71, 73.
Jebus, s. Jerusalem.
Jerusalem, Topographie 17.

Jonathan 64.
Israeliten-Vorhof 82.
Judas Makkabäus 63.
Kammern 90 ff.
Kiponos-Thor 54, 74.
Kirjath-Jearim 14 f.
Korinthisches Thor 89.
Kubbet-es-Sakra 20, 50, 76.
Lämmerkammer 91.
Leuchter der Königin Helena 81.
— der siebenarmige, 8, 25, 62, 87.
Makkabäus Judas 63.
Mathatias 63.
Mathematik, ihre Bedeutung für die Ästhetik 38 ff.
Mea-Thurm 75.
Meer, ehernes, 11, 32, 62.
Mocked-Haus 88, 89.
Moriah 20.
Nazaräer, Kammer der, 90.
Nikanor-Thor 90.
Nizzuz-Thor 89.
Nobe 14.
Obed-Edom 14, 16.
Obergemach 23, 79, 83.
Oberes Thor 35.

Oberschwelle der Tempelpforte 81.
Ölkammer 90.
Oholiab 6.
Opferstöcke 90.
Opferthor 88.
Opfer-Waschbecken 11.
Ornan, Tenne des, 17.
Ostthor 55.
Palast Salomons 52.
Parhedrin-Kammer 92.
Parvah-Kammer 91.
Pinchas-Kammer 91.
Pompejus 64.
Priesterhof 31, 82.
Quadrat, seine symbolische Bedeutung 13.
Rauchopfer-Altar 8, 25, 62, 82.
Säulen, die zwei ehernen, 28.
Säulenhalle 70.
Salomon 20 ff.
Salzkammer 91.
Samuel 14.
Schalecheth-Thor 54, 74.
Schaubrot-Tisch 8, 25, 62, 82.
Schild Davids 47 ff.
Schlachtungsplatz 86.

Sechseck, das salomonische 46.	Taraxis 85.	Thore des äußern Tempelplatzes 54 f., 23 ff.	Vorhalle d.Tempels 26 f., 80.
Silo 14.	Tempel Salomons 15.	— der innern Vorhöfe 34 f., 83 ff.	Vorhang des Heiligen 2.
Sion 18.	— Serubabels 60.		— des Allerheiligsten 8, 24, 63, 78, 82.
Stiftshütte 5 ff.	— Ezechiels 22.	Titus 92.	Waschkammer 91.
Susan-Thor 55, 70.	— Herodes' 66.	Tryphaktus 85.	Wasserthor 88.
Tadi-Thor 55, 74.	Tempelberg 53 f., 62, 68.		
	Thor der Vorhalle 28, 80.	Tyropöon, s. Jerusalem.	Weinstock, goldener 64, 82.

Berichtigung.

Seite 46, Zeile 4 von unten soll es heißen Tafel III statt Tafel IV.

INNERER HOF des SALOMON. TEMPELS.

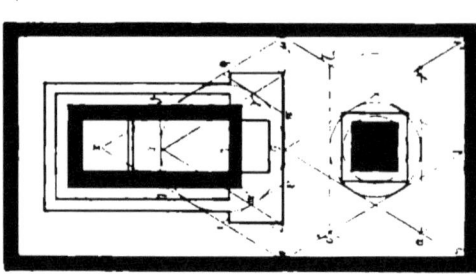

STIFTSHÜTTE.

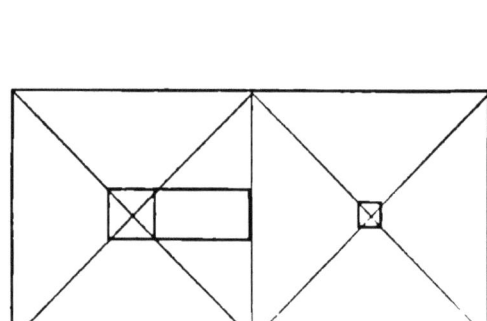

SALOMONISCHER TEMPEL.

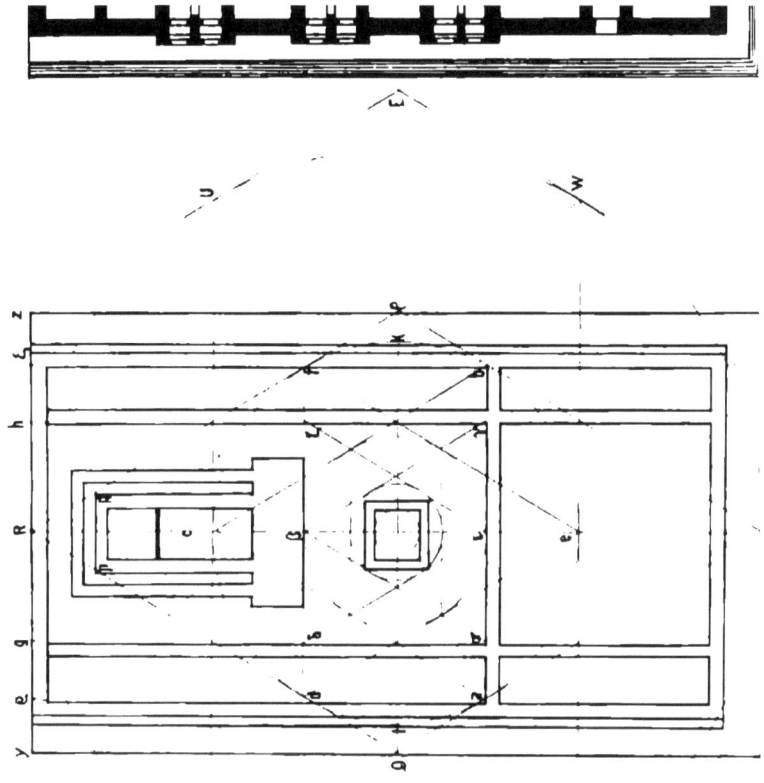

SALOMON. TEMPEL.

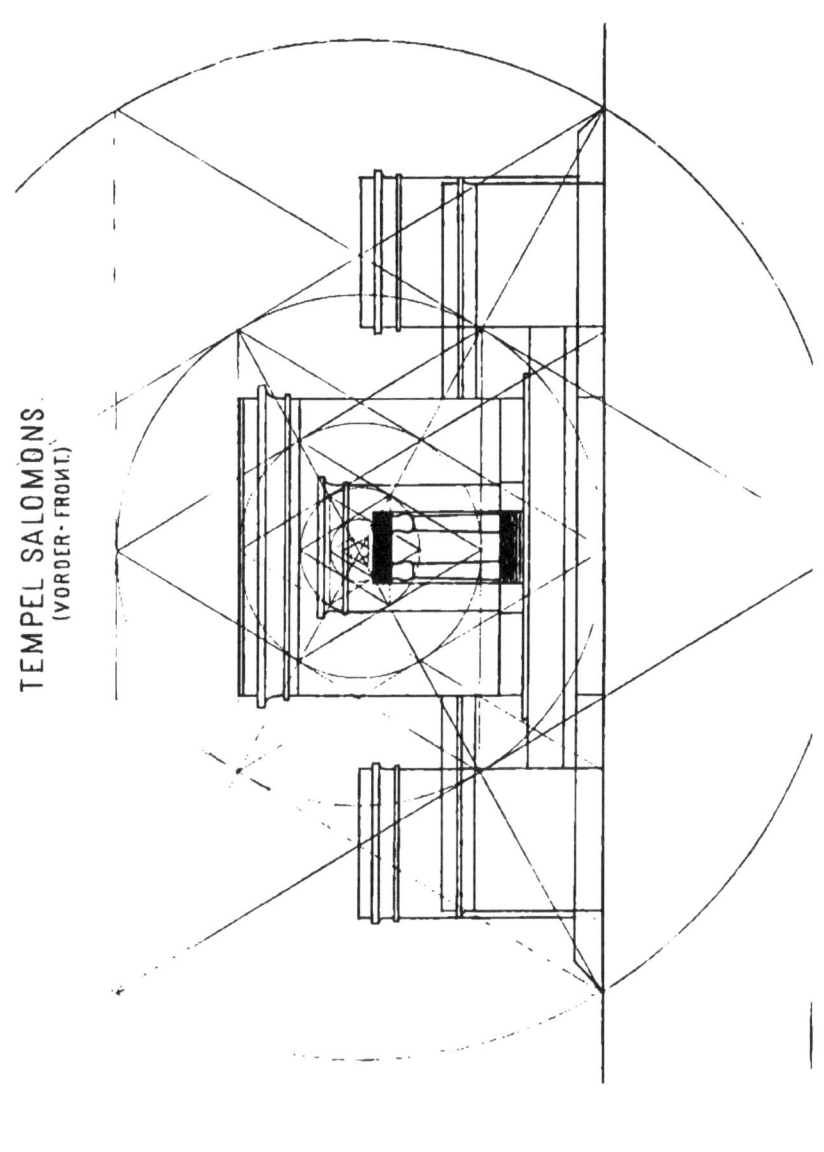

TEMPEL SALOMONS.
(VORDER-FRONT.)

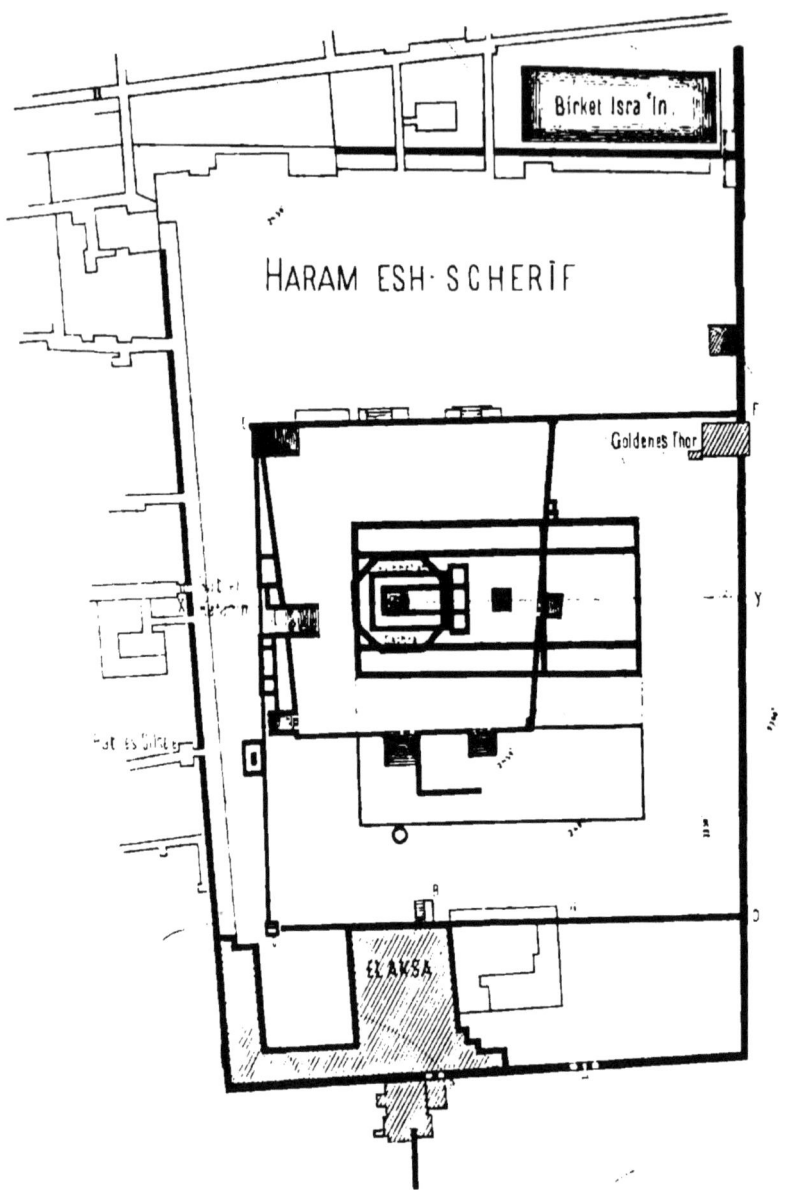

HERODIANISCHER TEMPEL.

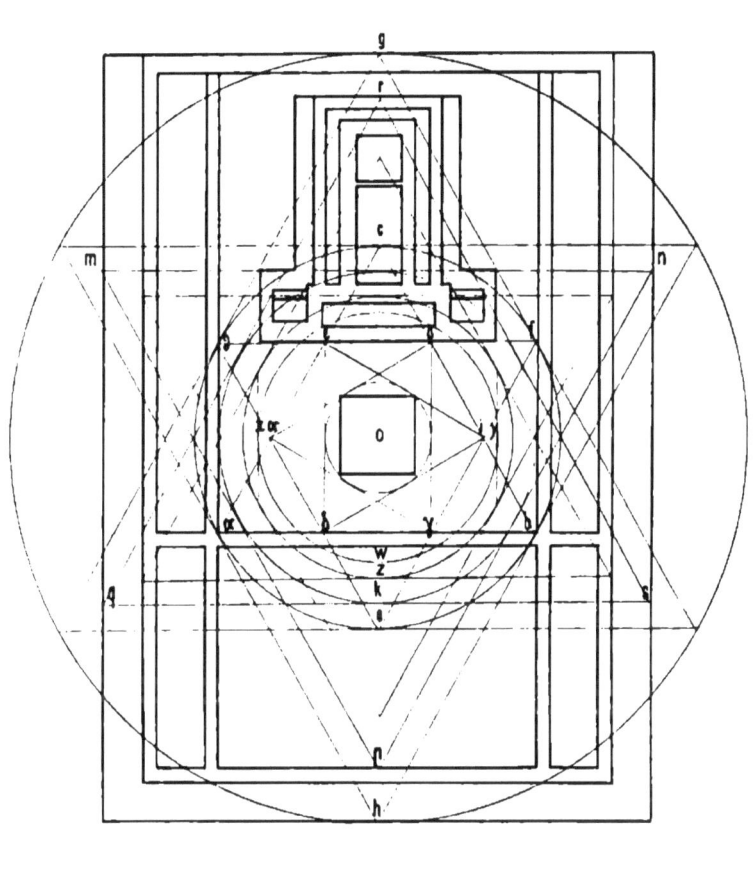

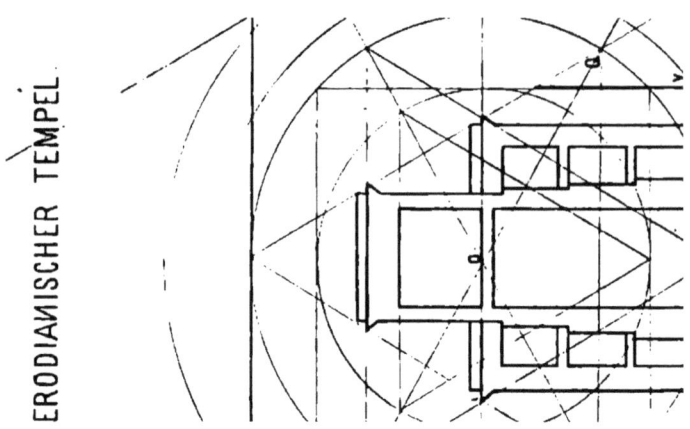

ERODIANISCHER TEMPEL.

Tafel IX.

GRUNDRISS des HEROD. TEMPELS.

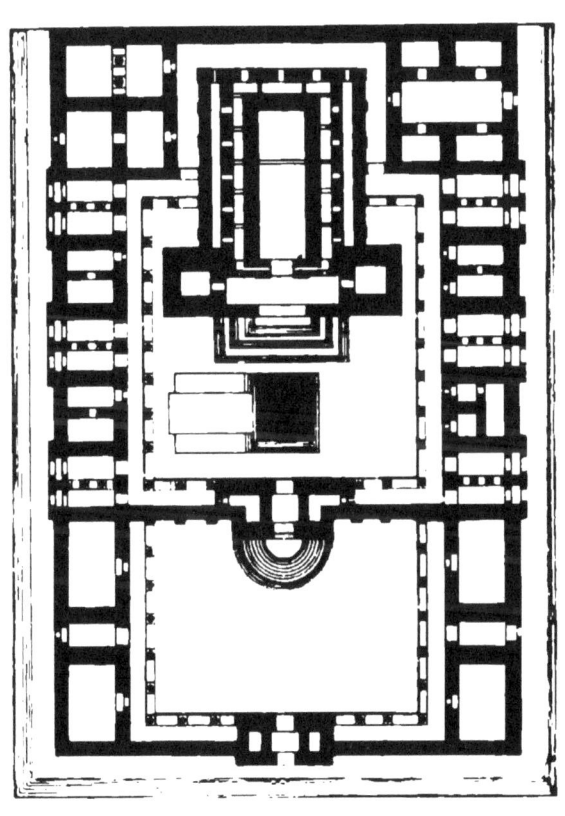

HERODIANISCHER TEMPEL.
(VORDERANSICHT.)